Vom Raben, der jemanden glücklich machen wollte Seite 45

Die Brüder Seite 49

Der Löwenanteil Seite 60

Der Zauberspiegel Seite 63

Seyreksakal Seite 76

Das Mondpferd Seite 82

Zwei Faulpelze Seite 94

Das Wunderinstrument Seite 103

Günter Löffler
Das Mondpferd

Günter Löffler

DAS MONDPFERD

Türkische Märchen

Buchverlag Der Morgen Berlin

Mit einem Vorspruch
von
Gisela Kraft

Illustriert
von
Anna Zunterstein

ISBN 3-371-00204-7

1. Auflage

Lizenznummer: 48-48/10/89
LSV 7378
Lektor: Ortwin Schubert
Gesamtgestaltung: Helmut Mahnke
Printed in the German Democratic Republic
Gesamtherstellung: Druckhaus Aufwärts, Leipzig III/18/20 - 1060
Bestellnummer: 695 727 0
02780

Vorspruch

Ein türkischer Märchenerzähler – das ist in unseren Tagen kein wandernder Bettler mehr, in zerschlissener Kutte und schief gewikkeltem Turban. Möglicherweise sitzt er in Schlips und Kragen mitten in Mitteleuropa und sagt: Es war einmal ... Mein anatolischer Großvater hat es mir so erzählt ... Er weiß es von seiner Mutter, die Mutter von ihrer Tante, die Tante vom Bruder ihres Vaters, der war Dorfvorsteher und brachte die Märchen an Markttagen, zusammen mit Tee und Salz, aus der Kreisstadt nach Hause ... Eins gegen ein Schaffell ... Fortan gehörten sie zum Hausrat und gingen auch mit auf die Reise, als die Familie mit Kind und Kegel die Flucht antrat: vom Elend der Lehmziegelhütten ins Elend der Wohnblocks, über die Bosporusbrücke westwärts, vom Morgen- ins Abendland. Auf solche Weise ist ein Koffer voll bis an Günter Löffler gekommen, der sich beeilte, ihn vor uns auszupacken. Denn rund um die Erde sind Märchen den Menschen teuer wie Schätze und werden leicht wie Wahrheit davongetragen.

Gisela Kraft

Drei Schwestern

Vor langer Zeit, fast einer Ewigkeit, als die Kamele noch Schneider waren, die Kuckucke Imams, die Esel Bedienstete, starb einmal ein Witwer. Der hinterließ drei Töchter. Da die Mädchen nun ganz auf sich selbst gestellt waren, begann für sie der Ernst des Lebens. Alles mußten sie allein verrichten: aus Teig, Käse, Spinat und Hackfleisch Börek bereiten, aus Weinlaub, Reis und Hammel in einem großen Topf Sarma dünsten, das Haus sauberhalten, das Vieh versorgen, das Feld bestellen, und weil sie davon träumten, einst glücklich verheiratet zu sein, sorgten sie sich um ihre Aussteuer, bestickten selbstgenähte Kissenbezüge, webten dicke Teppiche, nähten schöne Kleider. Bei der Hausarbeit unterhielten sie sich darüber, was sie tun würden, wenn sie die Schwiegertöchter des Padischahs wären.

»Ach, wenn der Prinz mich nimmt, koche ich eine Riesenmenge Bohnen«, sprach die älteste Schwester, „so viel, daß die ganze Armee des Padischahs satt zu essen hat.«

»Und ich webe einen Riesenteppich, auf dem seine ganze Armee Platz findet«, prahlte die mittlere.

»Und ich schenke dem Prinzen ein Zwillingspaar«, ließ sich die jüngste vernehmen, »ein Töchterchen mit weißen Perlzähnen, ein Söhnchen mit pechschwarzen Locken.«

Vor dem offenen Fenster standen Leute, die Zeuge des Gesprächs wurden. Da sie die Zunge nicht im Zaum halten konnten, sondern den Klatsch liebten, plauderten sie aus, was sie gehört hatten. Bald sprach es sich weit und breit herum: In einem Dorf leben drei verwaiste Schwestern, die alle den Prinzen heiraten möchten und verheißen, wahre Wunder zu vollbringen, wenn er sie zur Frau nimmt. Die älteste will die ganze Armee des Padischahs speisen, die mittlere für sie einen Riesenteppich weben, und die jüngste verspricht, dem Prinzen Zwillinge zu schenken, ein Töchterchen mit weißen Perlzähnen und ein Söhnchen mit schwarzem Lockenhaar.

Das Gerede der Leute kam auch dem Padischah zu Ohren.

Wir wollen doch sehen, was an der Sache wahr ist, dachte er, erkundigte sich nach dem Dorf, in dem die Schwestern wohnten, und ließ die älteste zu sich rufen.

»Lauf zum Händler«, sagte er, als sie im Palast eingetroffen war, »kauf alles ein, was du für das Gericht brauchst! Ich werde es bezahlen. Wenn du meine Armee gesättigt hast, soll dich mein Sohn heiraten.«

Die älteste bestellte die größten Töpfe des Landes, dazu Sojabohnen, Fleisch, Gewürze und die sonstigen Zutaten.

In einem gewaltigen Bottich wurde das Essen vorbereitet, dann in die Töpfe gefüllt, angesetzt, und während die Flammen loderten, eilte das Mädchen von einer Feuerstelle zur nächsten, rührte die kochende Speise um, doch ehe sie beim letzten Topf angelangt war, roch es aus dem ersten bereits brenzlig. So eifrig rannte und rührte sie, daß ihr der Schweiß bald in Bächen über den Rücken floß. Als es dunkel wurde, sank sie ermattet auf einen Bohnensack und schlief sofort ein.

Gegen Morgen erschien der Padischah, um von dem Essen zu kosten. Er spie die Probe aus und verzog angewidert das Gesicht.

»Willst du meine Armee vergiften, statt sie zu speisen?« rief er empört. »Scher dich schneller, als du hergekommen bist, in dein Dorf zurück und schick die Teppichweberin zu mir!«

So trat die älteste mit Schimpf und Schande den Heimweg an, tat, was sie der Padischah geheißen, und die mittlere machte sich auf, ihr Glück zu versuchen.

Auch sie empfing der Herrscher in seinem Palast.

»Du behauptest also, einen Teppich für meine Armee weben zu können«, sprach er. »Ich hoffe, daß du zuverlässiger als deine Schwester bist. Diese Aufschneiderin hat den Mund reichlich voll genommen. Hältst du jedoch Wort, sollst du meine Schwiegertochter werden.«

Der beste Webstuhl des Landes wurde geholt, im Schloßhof aufgestellt, das Mädchen setzte sich daran, webte und webte pausenlos Tag und Nacht, bis sie erschöpft umfiel.

Am Morgen trat der Padischah aus dem Palast, sah die Schlafende neben dem Webstuhl liegen und jagte auch sie schmählich vom Hof.

Er bestellte die jüngste der Schwestern in den Palast und sprach: »Die beiden anderen wurden vor der Ehe auf die Probe gestellt. Sie gingen deshalb straffrei aus. Du aber kannst die Prüfung erst nach der Hochzeitsnacht bestehen. Also wirst du meinen Sohn heiraten, ihm ein Töchterchen mit Perlzähnen und ein Söhnchen mit schwarzem Lockenhaar gebären oder den Palast mit dem Kerker vertauschen.«

Ich werde ihn heiraten und lieben, dachte die jüngste der drei Schwestern, und Gott wird mir beistehen.

Bald wurde Hochzeit gefeiert. Wochen und Monate gingen ins Land, dann war es soweit. Die Frau des Prinzen schenkte gesunden Zwillingen das Leben, einem schönen Mädchen, dem Perlzähne wuchsen, und einem kräftigen Knaben mit schwarzen Locken.

Der Sohn des Padischahs ahnte freilich nichts von seinem Vaterglück, denn er war zum Zeitpunkt der Geburt auf Reisen, und als er zurückkam, erwartete ihn eine böse Überraschung.

Die älteste und die mittlere Schwester hatten nämlich erfahren, was geschehen war. Sie neideten der jüngsten ihr Glück, und um ihr etwas Böses anzutun, ersannen sie einen teuflischen Plan.

Da die Prinzgemahlin ihren heimkehrenden Gatten erfreuen wollte, lief sie durch sämtliche Gemächer und überzeugte sich, daß für einen würdigen Empfang alles bereit war. Währenddessen schlichen sich die boshaften Schwestern ein, wechselten die Zwillinge gegen einen Hund und eine Katze aus, packten die Kinder in einen Korb und stahlen sich davon.

Der Prinz begrüßte seine Frau herzlich nach der langen Reise und folgte ihr in das Zimmer, in dem sein Töchterchen mit den weißen Perlzähnen und sein Söhnchen mit den pechschwarzen Locken angeblich schliefen. Doch in dem Bett, zu dem sie ihn führte, lagen statt der Zwillinge ein räudiger Hund und eine struppige Katze.

Entsetzt lief der Prinz zum Padischah und beklagte sich über die vermeintliche Schande, die ihm angetan worden sei. Da ließ sein Vater die Schwiegertochter in den Kerker werfen, wo sie bis an ihr Lebensende schmachten sollte. Allerdings blieb sie nur vierzehn Jahre gefangen, und das kam so.

Während die unschuldige Mutter der Zwillinge zum Kerker geführt wurde, trugen ihre gehässigen Schwestern den Korb zum Fluß, warfen ihn ins Wasser und beobachteten schadenfroh, wie die Strömung ihren Neffen und ihre Nichte fortriß. So glaubten sie Zeugen ihres Untergangs zu sein. Freilich ahnten sie nicht, daß hinter der nächsten Flußbiegung ein Bauer den treibenden Korb bemerkte, ihn herausholte und die Zwillinge zu sich nahm, um sie wie seine eigenen aufzuziehen.

Entrüstet verwünschte er den Unhold, der die Kinder ausgesetzt hatte: »Du herzloser, verdammter Eselssohn, möge dir Gott für diese Freveltat dein Leben nehmen!«

Die Zeit verging, und eines Tages spürte der Bauer, der inzwischen alt geworden war, daß sein Ende nahte. Er rief die Geschwister an sein Sterbebett und gab ihnen einen Säbel besonderer Art.

Sollten sie irgendwann in Bedrängnis geraten, erklärte er, müßten sie die Zauberklinge dreimal auf die Erde stoßen, dann würde ein Derwisch erscheinen und ihnen wie ein Vater mit Rat und Tat zur Seite stehen.

Der Junge nahm den Säbel dankbar entgegen. Der alte Bauer starb, und die Geschwister, die jetzt fünfzehn Jahre alt waren, mußten danach alles allein besorgen: das Haus in Ordnung halten, die Feldarbeiten verrichten, kochen, backen, braten. So hatten sie von früh bis spät zu tun. Die Nachbarn fanden Wohlgefallen an ihrem Fleiß, und die Menschen waren allerorts des Lobes voll, was für tüchtige junge Leute in einem Bauernhäuschen am Flußknie lebten, ein Mädchen mit weißen Perlzähnen, ein Junge mit pechschwarzem Lockenhaar, und beide den lieben langen Tag auf den Beinen.

Die Kunde erreichte auch die bösen Tanten der Zwillinge.

»Perlzähne und Lockenhaar«, sagte die ältere Schwester zur jüngeren, »das ist recht merkwürdig. Es hört sich ja an, als ob es die Kinder unserer Schwester wären.«

»Gewiß, es klingt sonderbar«, bestätigte die andere, »aber du weißt so gut wie ich, daß wir die beiden gegen einen Hund und eine Katze vertauscht und in den Fluß geworfen haben. Tote können weder einen Haushalt führen noch Feldarbeit verrichten.«

»Da hast du recht«, pflichtete ihr die ältere bei. »Es ist ausgeschlossen, daß es die Kinder unserer Schwester sind.«

Nach diesem Gespräch beruhigten sie sich zunächst.

Eines Tages hörten sie jedoch, ein Bauer habe vor vierzehn Jahren einen Korb aus dem Fluß gefischt, darin zwei kleine Kinder gefunden, sie mit nach Hause genommen und wie seine eigenen aufgezogen. Inzwischen sei der Mann gestorben, und die Fünfzehnjährigen hätten seine Stelle eingenommen.

Als die bösen Tanten das vernahmen, erschraken sie über alle Maßen und beschlossen, die Zwillinge aufzusuchen, um sich mit eigenen Augen von der Wahrheit zu überzeugen.

Sie erreichten das Dorf am Flußknie. In der Ferne erglomm das erste Morgenrot, da bemerkten sie einen Jungen, der gerade aufs Feld ging. Er hatte pechschwarze Locken, und sie meinten, es könnte ihr Neffe sein. Du kommst uns wie gerufen, dachten sie und winkten ihn heran. »He, Söhnchen, Söhnchen, bist du der Bruder eines Mädchens mit Perlzähnen?«

»Gewiß, der bin ich«, antwortete der Junge, »und darauf bin ich stolz.«

»Dann zeige uns deine Mutter! Sie muß eine brave Frau sein, wenn sie so wohlgeratene Kinder hat. Ja, tu uns den Gefallen, führe uns zu deiner Mutter.«

»Das kann ich leider nicht«, erwiderte der Junge nachdenklich. »Wir kennen weder Vater noch Mutter, nur einen guten Bauern, unseren Lebensretter, der uns aufgezogen hat, aber er war alt und ist gestorben.«

Jetzt zweifelten die Frauen nicht mehr daran, daß sie ihren Neffen vor sich hatten.

»Er muß vom Erdboden verschwinden«, flüsterte die ältere der jüngeren zu, »ehe der Padischah die Geschichte erfährt und uns dem Henker übergibt.«

Hierin waren sie sich beide einig, und sie kamen zu dem Beschluß: »Schicken wir ihn zur Rosenfee, dann sind wir ihn für immer los.«

Nachdem die bösen Schwestern diese List ersonnen hatten, stimmten sie eine traurige Weise an:

»Zwei Mütterchen so alt, so krank,
der Weg so weit, der Weg so lang.
Vierzig Tage und Nächte sind wir gegangen,
doch werden wir nie ans Ziel gelangen.
Zu fern noch liegt Schloß Rosenfee.
Uns tun die wunden Füße weh.
Wir können nicht mehr darauf stehn.
Wir können nicht mehr weitergehn.«

Der Junge, der sich schon um einiges entfernt hatte, hörte den wehmütigen Gesang, blieb stehen, drehte sich um und fragte die Frauen, ob er ihnen helfen könne.

»Ach, mein Sohn«, sprach die ältere, »du hast ein gutes Herz, aber wir sind beide todsterbenskrank. Nur eine Rettung gibt es: Rosen aus dem Schloßpark der Fee. Es sind die zauberhaftesten Blüten der Welt. Hängt man sie ins Zimmer, ertönt Musik, und gleich fühlt man sich wie neugeboren. Vierzig Tage und vierzig Nächte sind wir gelaufen, und von der beschwerlichen Wanderung sind wir so erschöpft, daß wir nicht mehr weiterkönnen.«

Nun hatte der alte Bauer den Geschwistern nicht nur das Leben gerettet, sondern sie auch gelehrt, notleidenden alten Menschen beizustehen. Deshalb war der Junge sofort bereit, die Rosen für die Frauen zu holen, wenn sie ihm den Weg zum Schloß beschreiben würden.

»Ach, hinzufinden ist nicht schwer«, erwiderten sie. »Du gehst den Fluß entlang bis zu einem Feigenbaum, der schräg steht. Dort gabelt sich der Pfad. Du wendest dich nach links. Bald gelangst du an ein Tor mit einem Hund und einem Ziegenbock davor. Immer dem Rosenduft nach. Bald siehst du das Schloßdach.«

Der Junge versprach, alles zu tun, wie sie es ihm aufgetragen hatten.

Die Frauen aber lachten sich ins Fäustchen, denn sie wußten, daß es aus dem Schloß der Rosenfee keine Rückkehr gab.

»Zweimal haben wir unseren Neffen gesehen«, summten sie, »ein drittes Mal wird's nicht geschehen«, und stimmten ein neues Lied an:

»Gibt's keine Rückkehr zum Schwesterlein,
wird das Brüderlein im Schloß zu Stein,
ist das Schwesterlein allein,
wird's gewiß ganz traurig sein.«

So frohlockten sie und berieten, wie sie auch ihre Nichte in den sicheren Tod schicken könnten.

Der Junge folgte inzwischen dem Flußlauf bis zu dem schief gewachsenen alten Feigenbaum, bei dem sich der Pfad gabelte. Er ging nach links, immer dem Rosenduft nach. Doch wie er so lief und in der Ferne die Kuppeln des Schlosses erblickte, kamen ihm Bedenken. Hatten die Frauen nicht verschlagen geflüstert, trotz ihrer Müdigkeit listig gekichert?

Um keinen Fehler zu begehen, stieß er den Säbel dreimal mit der Spitze auf die Erde. Da erschien der Derwisch und fragte, was sein Gebieter begehre.

Der Junge erklärte ihm, wohin er unterwegs sei, und bat um einen guten Rat.

»Ehe du eintrittst, mußt du darauf achten, daß jedes Tier sein richtiges Futter hat«, sprach der Derwisch, »dann wird dir kein Unglück geschehen.«

Der Junge bedankte sich, zog weiter und bewunderte die riesige Rosenhecke, die das Schloß umrankte und von der ein köstlicher Duft aufstieg und die ganze Luft erfüllte. Als er nahe genug herangekommen war, sah er vor dem Tor einen großen Hund, der an der Kette lag und mißmutig einen Haufen Heu ankläffte, während auf der abgegrasten Weide ein angepflockter Ziegenbock meckernd eine Schüssel mit Knochen anstierte.

Der Junge wechselte Heuhaufen und Schüssel miteinander aus. Sogleich stürzten sich beide Tiere gierig auf ihr Futter und verschlangen es, als wären sie dem Hungertod nahe gewesen.

Unbehelligt schritt der Junge durch das Tor und befand sich in einem wunderschönen Rosengarten. Aus dem Palast trat eine liebliche Fee heraus und sah ihn erstaunt an.

»Salam alaikum!« grüßte er.

»Alaikum salam«, erwiderte die Rosenfee, »fürchtest du den Tod nicht, daß du dich in mein Reich wagst?«

»Doch, teure Fee, den Tod fürchte ich wohl, aber am Fluß traf ich zwei Frauen, die einige deiner Rosen begehrten. Sie waren so erschöpft, daß sie nicht selbst kommen konnten. Weil sie mir leid taten, versprach ich, einen Strauß für sie zu holen. Deshalb bin ich zu dir vorgedrungen.«

»Gut gesprochen«, sagte die Fee. »Zum Dank will ich dir deinen Wunsch erfüllen. Aber vergiß nicht, daß mein Schloß verzaubert ist. Du bist der erste Mensch, der es lebend verläßt.«

Sie pflückte die edelsten ihrer Rosen, reichte sie ihm, und er bedankte sich. Schnell lief er ans Flußknie zurück, aber wie groß war sein Erstaunen, als er die Frauen nicht antraf. Nach allen Seiten schaute er, doch er suchte sie vergebens.

Dabei habe ich mich so beeilt, sagte er sich. Sie können unmöglich die Geduld verloren haben.

Ein Mann aus dem Dorf kam mit einer Schüssel voller Fische die Böschung herauf, und der Junge fragte ihn, ob er zwei müden Frauen begegnet sei. Der Fischer bejahte. Sie hätten sich erkundigt, wo seine Schwester wohne, das fleißige Mädchen mit den Perlenzähnen. Zu ihr wollten sie.

Vielleicht möchten sie bei uns übernachten, dachte der Junge, machte sich auf den Heimweg und sah die Frauen tatsächlich bei seiner Schwester in der Stube sitzen, wo sie sich fassungslos anblickten, als er eintrat.

Sicher sind sie überrascht, daß ich schon zurück bin, überlegte er, gab ihnen die Rosen und fragte seine Schwester, wie sie den Tag verbracht habe.

»Gut«, antwortete sie, »ich habe gekocht, gebacken, das Vieh versorgt, lieben Besuch empfangen. Die Mütterchen haben mir von dir erzählt, wie bereitwillig du dich erboten hast, ihnen gefällig zu sein. Gerade wollte ich aufbrechen, um dich vom Schloß der Rosenfee abzuholen, da tratest du schon durch die Tür.«

Die Geschwister luden die Gäste zum Abendessen ein, sie sollten doch bis zum Morgen bleiben. So plauderten sie noch lange bei

Speise und Tee, dann richtete das Mädchen jedem ein Nachtlager her, und alle legten sich schlafen. Am frühen Morgen waren sie wieder auf den Beinen. Die Frauen schienen besonders gut geruht zu haben und wunderbar erfrischt zu sein.

Sie zeigten den Geschwistern die Rosen, die verwelkt an der Wand hingen. »Als es im Haus ganz still war, haben wir sie dort angebracht. Sogleich ertönte Musik, und wir fühlten uns wie neugeboren. Jetzt sind wir für den Heimweg gerüstet. Und du, Söhnchen, geh noch einmal zur Rosenfee, halte um ihre Hand an. Wenn sie dich zum Gatten nimmt, bist du ein gemachter Mann.«

Der Junge bedankte sich für den Rat und versprach, ihn zu befolgen, denn er hatte die schöne Rosenfee bereits ins Herz geschlossen.

Die hinterhältigen Frauen kicherten leise. »Nimm die Rosen von der Wand und die Schwester bei der Hand, sitzt sonst ganz allein im Haus, weint sich die Augen nach dir aus.«

Alle vier brachen gemeinsam auf. Am Ufer trennten sie sich. Die Geschwister folgten dem Flußlauf. Die mißgünstigen Tanten sahen ihnen nach, bis sie in der Ferne verschwunden waren.

»Er ist der erste, der das Schloß lebendig verlassen hat«, murmelten sie, »und zugleich der letzte. Ein zweites Mal wird es ihm nicht gelingen. Er läuft mit seiner Schwester in den sicheren Tod.«

Die Zwillinge gelangten an den alten Feigenbaum, wählten den linken Pfad, gingen dem Rosenduft nach, erblickten das Schloß. Dreimal stieß der Junge den Säbel auf die Erde. Der Derwisch erschien, und der Junge fragte: »Was soll ich tun, damit die Rosenfee meine Frau wird?«

»Einer schwierigen Prüfung hast du dich zu stellen, aber wenn du klug vorgehst, wirst du sie bestehen. Dreimal mußt du auf die Wünsche der Fee eingehen, dann ist der Zauber von ihr genommen, und du kannst sie heiraten.«

Der Junge bedankte sich und wandte sich seiner Schwester zu, wies auf die Hecke, von der ein köstlicher Duft aufstieg, auf den großen Hund, der den Heuhaufen ankläffte, während auf der abgegrasten Wiese der angepflockte Ziegenbock vor der Schüssel mit Knochen meckerte. Die Geschwister vertauschten Haufen und Schüssel miteinander. Sogleich stürzten sich beide Tiere auf ihr Futter und begannen gierig zu fressen.

Unbehelligt schritten die Geschwister durch das Tor. In dem üppig blühenden Rosengarten trat ihnen die schöne Fee entgegen.

Der Junge grüßte und erklärte ihr, weswegen er gekommen war.

»Wenn du mein Gemahl werden möchtest, mußt du mir gestatten, drei Wünsche zu äußern, und keinen darfst du mir abschlagen«, entgegnete die Rosenfee.

»Gut, so soll es sein«, sagte der Junge, und die Fee sprach ihre erste Bitte aus.

»Hole mir einen Trunk! Ich möchte meinen Durst stillen. Der Schloßbrunnen ist versiegt.«

Der Junge ergriff einen Krug, lief zum Tor hinaus, ließ den Derwisch erscheinen. Der Derwisch füllte den Krug mit kühlem, prikkelndem Quellwasser.

»Es ist das köstlichste Wasser, das meine Lippen je berührt haben«, gestand die Fee, nachdem sie sich gelabt hatte. »Nun beweise, daß du auch ein Opfer bringen kannst.«

Ohne zu zaudern, lief der Junge zu seiner Schwester, die in den Anblick der Rosen versunken war, und reichte ihr den Säbel. »Bisher hat er mir gedient. Von diesem Augenblick an gehört er dir.«

»Die erste und die zweite Aufgabe hast du gelöst«, sagte die Fee. »Bist du bereit, auch meinen letzten Wunsch zu hören?«

»Sprich, er ist so gut wie erfüllt.«

»Dann schenke mir den Mond!«

»Wie – was soll ich tun?« stotterte der Junge erschrocken und hoffte, sich verhört zu haben.

»Ich sagte: Schenke mir den Mond!«

»Das – das kann ich nicht«, stammelte er.

Kaum hatte er es ausgesprochen, ertönte ein grausiges Gelächter, und er erstarrte zu Stein.

Als seine Schwester das Geräusch hörte, drehte sie sich erschaudernd um, sah den Bruder nicht mehr, nur eine Säule, die vorher nicht dort gestanden hatte. Die Rosenfee kauerte auf der Freitreppe ihres Palastes, hatte die Hände vors Gesicht geschlagen, und vom Tor her starrte, drohend knurrend und zähnefletschend, der Hund herein.

In ihrer Not stieß das Mädchen dreimal den Säbel auf die Erde. Der Derwisch erschien und fragte, was sie begehre.

Sie schüttete ihm ihr Herz aus, und der Derwisch offenbarte ihr: »Dein Bruder hat die Bedingung nicht erfüllt. Als die Fee sagte: Schenke mir den Mond, hätte er erwidern sollen: Nimm ihn, ich schenke ihn dir, er ist dein. Dann wäre er auf ihren törichten Wunsch mit einer ebenso törichten Antwort eingegangen. Jetzt kannst du ihn nur noch retten, wenn du bereit bist, dich von dem Säbel zu trennen, mir für meine Dienste zu danken und mich freizugeben.«

Ohne zu zögern, lief das Mädchen an den versiegten Brunnen, warf den Säbel hinein und rief: »Ich danke dir für deine Dienste, Derwisch. Zieh hin in Frieden! Ich gebe dich frei.«

Im Nu füllte sich der Brunnen mit Wasser. Aus der Flut stieg der Derwisch auf. Rundum bewegten sich die Blütenblätter der Rosen, eine wundervolle Melodie erklang, und die Steinsäule verwandelte sich in den Jüngling zurück. Als die Musik verstummte, war der Bann gebrochen.

Der Derwisch sprach zu den Geschwistern: »Zum Abschied will ich euch sagen, wer eure Eltern sind. Des Padischahs Sohn ist euer Vater, eure Mutter wird im Kerker gefangengehalten, und eure bösen Tanten waren es, die euch gegen Hund und Katze vertauschten und in den Fluß warfen.«

Nachdem der Derwisch dieses Geheimnis offenbart hatte, band er Hund und Ziege los und zog mit den Tieren davon.

Die Rosenfee und der schwarzlockige Jüngling wurden ein Paar. Zur Hochzeitsfeier erschien auch der Padischah, und als er erfuhr, wie sich alles zugetragen hatte, befahl er, seine Schwiegertochter freizulassen, ihre bösen Schwestern aber an vierzig Maulesel zu binden.

Die Frauen, die Nichte und Neffen hatten umbringen wollen, wurden in vierzig Stücke gerissen. Doch die Prinzgemahlin lebte fortan glücklich an der Seite ihres Gatten. Nach wenigen Tagen kamen Brautwerber, und ein guter Mann machte das Mädchen mit den weißen Perlzähnen zu seiner Frau.

Sie sind alle zufrieden und kennen keine Sorgen, treffen sich heute und morgen in dem Schloß mit den Rosenranken, um sich bei Speise und Trank für jede glückliche Fügung zu bedanken.

Wie ein Bader den Bauernsohn Keloglan übertölpeln wollte und den kürzeren zog

Also, da lebte einst ein armer Bauernsohn, den alle Welt Keloglan nannte, obwohl er mehr Haare auf dem Kopf als Zähne im Mund hatte, und er besaß ein lückenloses Gebiß. Er konnte machen, was er wollte, den Schopf links tragen oder rechts, ihn in die Stirn oder nach hinten kämmen, immer hieß es: Keloglan – kleiner Kahlkopf.

Er hatte kein leichtes Leben, dieser pfiffige junge Bursche. Sein Vater war seit langem tot, seine Mutter besaß nichts als ein paar Hühner. Jeden Morgen sammelte sie die Eier ein. Keloglan ging zum Basar und bot sie feil.

»Eier, billige frische Eier, wunderbare Ware!«

So schlugen sie sich redlich durch, die verwitwete Bauernfrau und ihr einziger Sohn.

Plötzlich hörte eine der Legehennen zu legen auf. Sie pickte zwar emsig Futter, scharrte in der Erde und gackerte laut, legte jedoch keine Eier mehr. Einen Tag sah sich Keloglans Mutter das ruhig an, auch einen zweiten, sogar einen dritten und vierten, aber als ein ganzer Monat vergangen war, ohne daß die Henne ein einziges Ei gelegt hätte, riß der guten Frau die Geduld, und sie sprach zu ihrem Sohn: »Das störrische, träge Biest gackelt uns die Ohren voll, frißt dem fleißigen Federvieh die schönsten Körner weg, gibt uns aber keine Eier mehr. Es wäre gut, wenn du für das Faultier einen Käufer fändest, damit es in den Kochtopf wandern kann. Zu was anderm ist es ja doch nicht mehr nutze.«

Gesagt, getan. Keloglan ergriff das unnütze Huhn und trug es zum Basar. »Schlachtvieh, junges, zartes Schlachtvieh, allerbeste Ware!« So pries er es den Leuten an.

Die Stimme des Marktschreiers hörte auch der Bader, der auf

dem Weg zu seinem Badehaus war, und obwohl der Hammamdschi gerade erst gefrühstückt hatte, stellte er sich dampfenden Pilaw vor: Reis mit Hammel oder Hühnerbrühe – ach, wie köstlich, sein Leibgericht!

Der Bader trat näher, sah, daß der junge Mann eine Henne zu verkaufen hatte, und fragte nach dem Preis. An die drei Minuten feilschten sie redlich, dann wurden sie sich handelseinig. Der Hammamdschi packte das Huhn und machte sich davon, ohne bezahlt zu haben.

»He, he, das Geld!« rief ihm Keloglan nach.

So ein Schreihals, dieser Bauerntölpel, dachte der Bader. Er tat, als wäre er nicht gemeint, und Keloglan verwünschte ihn: Na warte, du gemeiner Schurke, deine Frechheit soll dir teuer zu stehen kommen!

Um es dem Dieb richtig heimzahlen zu können, verfolgte er ihn und beobachtete, daß der Hammamdschi, statt den Weg zum Bad fortzusetzen, seine Schritte zunächst heimwärts lenkte. Vor dem Haus des Baders angelangt, schlich Keloglan ans offene Fenster. So belauschte er ein Gespräch, das der Schuft mit seiner Frau führte.

»Rupf das Hühnchen, mir steht der Sinn nach feinem Pilaw und einem süßen Nachtisch!«

»Gewiß, mein Mann, ich will alles so zubereiten, wie du es dir wünschst, damit du deine Freude daran hast. Und wann soll das Essen fertig sein?«

»Wenn ich von der Arbeit komme. Falls ich vorher Hunger kriege, schicke ich einen Gehilfen vorbei. Dem kannst du alles geben.«

Die Frau versprach, nicht untätig zu sein, und der Hammamdschi suchte das Badehaus auf.

Keloglan lachte sich ins Fäustchen, lief nach Hause, berichtete, was geschehen war, auch wie er sich schadlos zu halten gedachte, und seine Mutter erwiderte zufrieden: »Ich bin stolz, einen Sohn zu haben, der nicht auf den Kopf gefallen ist.«

Ehe der Hammamdschi aus dem Bad zurück sein konnte, klopfte Keloglan an die Tür seines Hauses. »Gott zum Gruß. Mich schickt der Bader. Er möchte, daß ich ihm das Essen bringe.«

Die Frau gab ihm einen Topf voll Pilaw, dazu das gekochte Huhn und ein großes Tablett mit Nachspeise.

Keloglan bedankte sich, eilte fröhlich heim, und Mutter und Sohn ließen es sich schmecken.

Während es den beiden mundete, kam der Hammamdschi nach Hause.

»Da bin ich, Frau. Trag das Abendessen auf! Ich bringe einen Bärenhunger mit.«

»Das Abendessen, Mann?« fragte des Baders Weib verwundert. »Hat es nicht vor einem Stündchen dein Gehilfe abgeholt?«

Als der Bader das hörte, flitzten ihm vor zornigem Schreck die Augenbrauen in die Höhe. »Das kann nur Keloglan gewesen sein«, sprach der übertölpelte Gauner grimmig, »auf einen andern wärest du nicht hereingefallen.«

Um nicht hungrig schlafen zu gehen, mußte er nun doch in die Tasche greifen.

Unterdessen lag Keloglan vergnügt im Bett, schlief aber nicht, sondern schmiedete einen neuen Plan, denn er sagte sich: Zwar haben Mutter und ich vortrefflich zu Abend gespeist, aber ich kann nicht finden, daß dieser Eselssohn für seine Untat schon hinreichend bestraft ist. Ich will ihm eine Lektion erteilen, die er nicht so bald vergessen soll.

Am nächsten Morgen trat er vor den Spiegel, verkleidete sich als Mädchen, lief zum Badehaus und klopfte.

Als der Hammamdschi völlig unerwartet eine hübsche junge Dame zu erblicken meinte, noch dazu greifbar nahe, bat er sie ganz entzückt, einzutreten.

»Hammamdschi, Effendi, gewiß, ich möchte mit dir reden, das ist schon seit Tagen und Wochen mein Wunsch, aber nicht hier, sondern unter vier Augen. Was ich dir zu sagen habe, ist streng vertraulich. Außer uns beide geht es niemand etwas an.«

»Streng vertraulich?« fragte der Bader geschmeichelt. »Nun, das trifft sich in der Tat recht gut. Zufällig ist nämlich keine Kundschaft da. Komm nur herein, tritt ein! Hier sind wir völlig ungestört.«

Keloglan schlug geschickt die schönen Augen nieder. »Gewiß, das ist ein großes Glück – doch wer weiß, ob es uns hold bleibt. Vor Überraschungen ist man niemals sicher. Nein, nein, woanders wäre es mir lieber.«

»Sagen wir, in einer Stunde bei mir?«

Mit diesem Vorschlag war Keloglan einverstanden. Pünktlich zur festgesetzten Zeit fand er sich vor dem bekannten Häuschen ein.

Der Hammamdschi war schon vor ihm angekommen, hatte seine Frau zur Nachbarin geschickt und hinter der angelehnten Tür gewartet. Wie liebenswürdig öffnete er dem Gast, wie höflich geleitete er ihn zur Bodenleiter! »Dort ist für uns der richtige Ort. Wir sind unter uns, machen es uns gemütlich, essen Halwa, trinken Tee. Dabei können wir nach Herzenslust plaudern.«

Er ließ seinem Besucher den Vortritt. Keloglan kletterte gewandt hinauf, und als er oben war, versetzte er dem Bader einen Stoß, dem ein lauter Schrei und ein dumpfer Aufprall folgten. Nachdem sich der Schelm überzeugt hatte, daß der Hammamdschi halb bewußtlos unten in einer Ecke lag, öffnete er die Truhe, die mit Gold und Silber gefüllt war, stopfte sich die Taschen voll und stieg so flink hinab, wie er hochgeklettert war.

Keine Stunde später kehrte die Hausfrau mit den Kindern von der Nachbarin zurück. Wer beschreibt ihr Entsetzen, als sie den Mann stöhnend und jammernd in einer Ecke fand. »Großer Gott, was ist geschehen?« rief die besorgte Frau aus. »Leidest du Schmerzen? Fehlt dir etwas? Bist du krank?«

Der Hammamdschi lehnte den Kopf ächzend gegen die Wand. »Mir war, als hörte ich Geräusche vom Boden her. Da wollte ich hinauf, um nach dem Rechten zu sehen. Unglücklicherweise verfehlte ich eine Sprosse. Oh! Au! Auweh! Oje!«

»Wahrscheinlich hast du dir die Beine verstaucht. Ich will nur hoffen, daß nichts gebrochen ist. Am besten, wir rufen gleich einen Arzt, damit du schnell wieder gesund wirst.«

Auch dieses Gespräch belauschte Keloglan durch das geöffnete Fenster. Kaum hatte des Baders Frau zu Ende gesprochen, lief er heim, verkleidete sich als Arzt, packte eine Peitsche in ein ledernes Köfferchen, rannte zum Kaffeehaus und fragte: »Braucht jemand ärztliche Hilfe? Ist niemand krank? Es wäre mir ein Vergnügen, ihn zu behandeln und zu heilen.«

»Der Hammamdschi!« antworteten mehrere zugleich. »Der bedauernswerte Mensch ist von der Leiter gestürzt und hat sich die Beine verstaucht. Geh nur hin! Dich schickt der Himmel. Soeben war seine Frau hier. Sie erkundigte sich nach einem Arzt.«

Einer der Gäste führte Keloglan zu des Baders Haus. Der Patient wurde untersucht, dabei wimmerte er vor Schmerzen. Aber als der vermeintliche Arzt vorschlug, ihn in den Hammam zu bringen, fühlte er sich sogleich besser.

»Ich kann mir denken, daß ein Bad die Heilung beschleunigen wird«, vermutete er, und Keloglan bestätigte es.

»Ist einer von der Leiter gefallen, wirkt es geradezu Wunder. Nichts ist so wichtig wie die richtige Behandlung am richtigen Ort.«

Bald erschienen einige Verwandte, die von dem Unfall gehört hatten. Sie bedauerten den Hammamdschi, wünschten ihm gute Genesung und trugen ihn in seinen Hammam. Dort wurde der Kranke ausgezogen, in ein Becken gelegt. Darauf verabschiedeten sich die hilfsbereiten Leute, wobei sie hofften, ihren Bruder, Onkel, Schwager recht schnell wieder bei bester Gesundheit zu sehen.

Keloglan seifte den Bader ein. Dann ließ er das Wasser ablaufen, holte die Peitsche aus seinem Köfferchen und verdrosch den Strolch so lange, bis er sich nicht mehr rührte.

Es wird allmählich Zeit, die Rechnung vorzulegen, dachte Keloglan, suchte die Frau des Baders auf und sprach: »Dein Mann ist wohlauf. Er verlangt nach dir. Ich komme, um die Behandlungskosten zu kassieren.«

Die Frau bezahlte das Geld, das Keloglan einstrich. Nachdem er sich verabschiedet hatte, rief sie ihre Kinder und ging mit ihnen zum Bad, wo sie das Familienoberhaupt in höchst beklagenswerter Verfassung antrafen. Vor lauter Mitleid begannen sie zu weinen.

Der Kranke, der mit geschlossenen Augen auf den Kacheln lag, murmelte wehleidig:

»Das kann nur Keloglan gewesen sein. Das kann bloß Keloglan gewesen sein.«

Als die Verwandten von dem Streich erfuhren, brachten sie den Hammamdschi nach Hause. Dann schworen sie schreckliche Rache. Sie beschlossen, Keloglan zu fangen und Goldstücke vor die Tür zu streuen, um ihn anzulocken.

Wieder hatte der Schelm am Fenster gelauscht, wieder zog er andere Sachen an. Diesmal verkleidete er sich als armer Derwisch. Bettelnd ging er von Wohnung zu Wohnung. Die einen schenkten ihm eine milde Gabe, andere hatten selber nichts. Ehe er das Haus des Hammamdschi erreichte, beschmierte er seine Schuhsohlen mit Harz, und die Goldstücke blieben haften. So füllte er seinen Geldbeutel, ohne den geringsten Verdacht zu erregen oder sich ein einziges Mal gebückt zu haben.

Dem Hammamdschi kam zu Ohren, daß die List mißlungen war. Vor Wut außer sich, sprach er zu seinen Verwandten: »Schafft mir endlich Keloglan her! Solange sich der Bauernlümmel ins Fäustchen lacht und frei herumläuft, werde ich nicht gesund. Von Tag zu Tag geht es mir schlechter.«

Da verfielen die guten Leute auf die Idee, ein Kamel zu kaufen, es hübsch zu schmücken, auf den Basar zu führen und zu einem niedrigen Preis anzubieten. So hofften sie Keloglan zu ködern. Doch dem blieb auch diese Falle nicht verborgen. Er zog sich wie ein Dorfmädchen an, besorgte sich einen Esel und ging zum Markt. Dort kokettierte er mit dem Kamelverkäufer, feilschte um den Preis, und während er redete, vertauschte er die Leinen der beiden Tiere. Als der eitle Mann den Betrug merkte und sah, daß er eine Eselleine in der Hand hielt, war Keloglan mit dem Kamel schon auf und davon.

Auch der Hammamdschi erfuhr natürlich, was geschehen war, aber sein Zustand verschlechterte sich nicht nur nicht, sondern die Sache verdroß ihn derart, daß er über seinen Zorn sämtliche Schmerzen vergaß.

Die Verwandten des leidgeprüften Mannes liefen durch den ganzen Ort, klopften an jede Tür und baten um ein Stück Kamelfleisch für einen armen alten Mann. Doch sie mühten sich umsonst. Weder Keloglan noch das Kamel, noch das Fleisch des geschlachteten Tieres wurde gefunden. Bei den letzten Hütten sahen sie in einem Garten endlich einen Kamelkopf liegen. Da glaubten sie dem Schelm auf der Spur zu sein. »Hier muß der Schurke wohnen«, sprachen

sie und markierten die Tür mit Pech. Am Abend wollten sie wiederkommen, um den Bauernsohn zu fangen.

Doch Keloglan kehrte vor ihnen zurück. Er bemerkte das schwarze Zeichen. »Ist jemand hiergewesen?« fragte er seine Mutter.

»Ein paar Leute. Sie bettelten um Kamelfleisch für einen armen alten Mann.«

Nun gut, dachte Keloglan, bemalte sämtliche Türen der Nachbarschaft mit der gleichen Markierung, und als des Hammamdschis Leute kamen, konnten sie das Haus, das sie suchten, nicht herausfinden. Der Bauernsohn aber war verschwunden und der Kamelkopf ebenfalls.

Nun wußten sich die Leute des Hammamdschi keinen anderen Rat mehr, als zum Padischah zu gehen und Beschwerde einzulegen.

Mit wachsendem Unmut hörte der Herrscher die Kläger an. »Jeder Bauernsohn, dessen Mutter Hühner besitzt, soll das gesamte Federvieh in den Palast bringen!« ließ er kundtun.

Keloglan fing die Hühner ein und wollte dem Aufruf gehorsam nachkommen.

Zwar gab seine Mutter zu bedenken: »Söhnchen, kann man mit Hühnern zum Padischah gehen?« Doch Keloglan ließ sich durch ihren Einwand nicht beirren. Er nahm die Hühner und eilte zum Palast.

»Man nennt mich Keloglan«, sagte er, als er vor den Padischah trat, »ich bringe das gewünschte Federvieh.«

»Wie kannst du es wagen, so mit mir zu reden?« entgegnete der Herrscher, den das kecke Auftreten des Jünglings ärgerte. »Warte, ich will dich Ehrerbietung lehren.« Er befahl, den dreisten Burschen in den Kerker zu werfen.

Nun hatte Keloglan nicht nur die Hühner seiner Mutter verloren, sondern die eigene Freiheit obendrein. Aber er ließ es sich nicht verdrießen. Um sich selbst und dem Kerkermeister die Zeit auf angenehme Weise zu vertreiben, erzählte er so manchen Schwank aus seinem Leben. Stets blieb er fröhlich und guter Dinge und zu einem Späßchen aufgelegt. Seine Beziehungen zum Kerkermeister waren gut und wurden immer besser. Als sie ausgezeichnet waren, bat er um eine halbe Stunde Urlaub, erhielt ihn bewilligt und vergalt dem guten Mann das Entgegenkommen mit klingender Münze. Dann kaufte er auf dem Basar Felle und Glöckchen ein, schaffte alles in den Kerker und nähte sich einen schellengesäumten Mantel. Nach beendeter Arbeit versprach er dem Wärter eine größere Summe, falls er ihn für eine ganze Stunde beurlauben würde.

Auch dazu fand sich der Kerkermeister bereit. Keloglan nahm seinen Mantel, lief zum Palast, versteckte sich im Schlafgemach unter dem Bett des herrschaftlichen Paares und riß mit einem Schütteln des Schellensaums den Padischah und dessen Gemahlin aus einem wunderschönen Traum.

»Was war das? Kling und klang – ein Dingeldang.«

»Es wird wohl nichts gewesen sein. Wir schlafen ruhig wieder ein.«

Sie machten beide die Augen zu und kehrten in das Reich der Träume zurück. Aber bald wurden sie erneut von hellem Glöckchenklingeln geweckt. Diesmal fuhren sie blinzelnd empor und waren so verblüfft, daß sie zu gähnen vergaßen, denn sie erblickten eine vermummte Gestalt, die mit großen Sprüngen durchs Zimmer hüpfte, wobei die weiten Schöße des Mantels flatterten und die Glöckchen am Saum erklangen.

»Wer bist du?« fragte der Padischah verblüfft. »Was willst du? Wie kommst du herein?«

»Was soll ich wollen? Dich holen! Wer soll ich sein? Sieh mich doch an! Sieh mich an! Was, du erkennst mich nicht? Dann will ich dir sagen, wie mich jeder nennt, der mich kennt. Ich bin Asrail. Asrail, der Todesengel, der alle Schlösser öffnen kann. Ich bin gekommen, um deine Seele zu holen. Ja, Padischah, deswegen bin ich bei dir eingedrungen. Deswegen bin ich hier. Brauchst mir dein Leben nicht zu geben. Ich nehme es mir.«

»Asrail, Asrail, was habe ich getan, daß du meine Seele holen willst?«

»Du klagst noch? Du fragst noch? Hat man nicht meinen unschuldigen Bruder in den Kerker gezerrt, auf dein Geheiß hin eingesperrt? Sprich dein letztes Gebet! Schnell, schnell, sonst ist es zu spät.«

»Deinen Bruder, sagst du, der mit den Hühnern gekommen ist?«

»Der ohne Argwohn deinem Aufruf folgte.«

»Er ist unschuldig, sagst du? Dann will ich ihn sofort entlassen. Ein Wort von mir, und er ist auf der Stelle frei.«

»Also wird er befreit. Bist du dazu bereit? Doch warte, noch ist es nicht soweit. Bis zum Morgen hat es Zeit.« Keloglan sang, tanzte vergnügt durchs Zimmer und versprach dem Padischah, Gnade vor Recht ergehen zu lassen, falls der Herrscher befehle, seinen Bruder in aller Herrgottsfrühe zu wecken, ihn ins Bad zu schicken, gut einzukleiden und ihm die jüngste Prinzessin zur Frau zu geben.

»Was du nur willst, soll geschehen.«

»Am Morgen in Erfüllung gehen«, sang der Schelm und fügte drohend hinzu: »Wenn aber nicht – und dies ist das Ende vom Lied –, wenn nicht, weißt du, was dir blüht.«

Er verstummte, wandte sich um und verschwand, lief zum Kerker zurück, schlief bis zum Morgen, und alles geschah so, wie er es gewünscht hatte.

Der Padischah sandte einen Boten mit geheimen Befehlen zum Kerkermeister. Keloglan wurde geweckt, ins Bad gebracht, schicklich gekleidet und vermählt.

Nachdem der arme Bauernsohn nun also noch zu einer Frau gekommen war und die Prinzessin geheiratet hatte, holte er seine Mutter zu sich in den Palast. Dort lebten sie glücklich, zufrieden und in Freuden und empfanden einen Frohsinn, den auch heute noch jeder spürt, wenn er dieses Märchen liest oder hört.

Die Bewährungsprobe

Es war einmal ein Padischah mit drei Töchtern im heiratsfähigen Alter. Sie alle sehnten sich nach einem Freier, denn keine verspürte Lust, sitzenzubleiben. Deshalb war die Freude groß, als es eines Tages hieß, daß ein Prinz eine von ihnen heiraten wolle. Vom Padischah erfuhr dies der Lala, der Betreuer und Erzieher der Mädchen. Er versammelte sie um sich, teilte ihnen die Neuigkeit mit und sprach:

»Meine Töchter, zunächst gilt es, eine Bewährungsprobe zu bestehen. Diejenige, die genug Mut und Tatkraft beweist, nimmt der junge Herr zur Frau.«

Das klang recht verheißungsvoll in den Ohren der heiratslustigen Schwestern; jede wünschte sich, die Auserwählte zu sein, aber weil der Prinz nur eine heiraten wollte, meldete sich sogleich die älteste zu Wort: »Ich möchte mir als erste die Finger mit Henna färben und den Schwiegereltern die Hand küssen, habe ich doch am längsten warten müssen.«

»Gut, meine Tochter, das sehe ich ein«, entgegnete der Lala ohne Zaudern, denn er hielt ihr Ansinnen für berechtigt. »Ich bringe dich an einen Ort, wo du zeigen kannst, was in dir steckt. Wenn es dir gefällt, darfst du dort bleiben und Hochzeit machen. Wenn nicht, hole ich dich morgen wieder ab.«

Er ließ anspannen und fuhr des Padischahs älteste zu einem Schloß, dessen Pforte geöffnet war. »Meine Tochter, wir sind am Ziel unserer Reise angelangt. Geh hinein, mach die Tür nicht zu, damit du siehst, was geschieht. Morgen früh bin ich zurück. Dann möchte ich hören, wie du dich entschieden hast.« Er drehte sich um, sagte zum Abschied: »Allaha ismarladik!« und fuhr ab.

Die Prinzessin setzte sich auf ein Kissen. Bin ich allein? dachte sie, ist da niemand, der mir Gesellschaft leisten könnte? Weil sie sich einsam fühlte, träumte sie von einem schönen, jungen Prinzen, dem das Schloß gehören und der sie heiraten sollte.

Später vernahm sie Geräusche, hob den Kopf und erblickte eine Kamelkarawane, an der Spitze einen Esel, der Klagelaute von sich gab. Langsam wie ein Trauerzug schritten die Tiere vorüber, warfen auf dem Schloßhof ihre Lasten ab und entfernten sich.

Das Mädchen beobachtete es entsetzt, schloß die Tür und verharrte zitternd auf dem Kissen, bis es dunkelte. Am Abend wurde die Tür geöffnet. Draußen stand ein schwarzer Riese, dessen Oberlippe den Himmel und dessen Unterlippe die Erde berührte. Ein Gewehr und zwei erlegte Vögel hielt er in den Händen, und er trat bedächtig ein.

Wie gelähmt saß die älteste auf ihrem Kissen. Unter den Blicken des Schwarzen schwanden ihr die Sinne. Im Morgengrauen lag sie noch bewußtlos da. Erst als der Lala kam, erwachte sie aus ihrer Ohnmacht.

»Wie ist es gewesen, meine Tochter?« fragte er. »Wie gefällt es dir in diesem Schloß? Möchtest du bleiben?«

»Bring mich weg!« flehte sie. »Keine Stunde, keine Minute mehr. Bring mich so schnell wie möglich fort von hier!«

»Wie du beliebst, meine Tochter«, sagte er, half ihr in die Kutsche, und sie fuhren zum Palast des Padischahs, wo sich die mittlere Schwester reisefertig machte, denn jetzt war es an ihr, sich der Probe zu unterziehen.

Auch sie wurde durch Täler und über Hügel zu dem Schloß gebracht, und ihr erging es nicht besser als der älteren Schwester. Sie setzte sich, träumte, bis sie Geräusche hörte, die Karawane sah und den Esel, der Klagelaute von sich gab. Entsetzt warf sie die Tür zu und zitterte. Unter den Blicken des Schwarzen wurde sie ohnmächtig. Erst als am Morgen der Lala vorfuhr, kam sie allmählich zu sich. Keine Stunde wollte sie mehr bleiben, keine Minute. So trat auch die zweite Schwester nach einer Nacht die Heimfahrt an.

Die jüngste machte sich reisefertig, und der Lala fragte sie: »Willst du ebenfalls in Ohnmacht fallen oder dir die Schrecken lieber ersparen?«

Sie bestand darauf, ihr Glück zu versuchen. »Was wird schon geschehen, Lala. Bring mich hin!«

Da sie sich nicht abhalten ließ, fuhren sie durch Täler und über Hügel zum Schloß. Dort verabschiedete sich der Lala: »Allaha ismarladik!«

Des Padischahs jüngste harrte der Dinge, die da kommen sollten, beobachtete gelassen die Karawane, und weil sie sich langweilte, lief sie durch alle Zimmer. Die Möbel waren verstaubt, die Fußböden schmutzbedeckt. Sie fand einen Besen, fegte, putzte, wischte. Als das ganze Schloß vor Sauberkeit blitzte, kochte sie Essen und deckte den Tisch. Dann trat der Schwarze ein, stellte sein Gewehr

in eine Ecke, legte die Vögel auf den Küchentisch und sah sich um.

Sie folgte ihm von einem Raum in den anderen. Er wandte ihr sein zufriedenes Gesicht zu. »Gut gemacht, meine Tochter. Deine beiden Schwestern haben gefaulenzt und den Kopf verloren, du aber bist fleißig gewesen.«

Er rupfte den einen Vogel, kochte ihn und lud sie zum Abendessen ein. Sie ließ es sich schmecken. Danach legte sie sich schlafen.

Am nächsten Morgen fuhr ihr Lala vor, und sie sagte ihm, daß sie länger bleiben wolle. Das wiederholte sich zweimal, dreimal. Im Handumdrehen war eine Woche verstrichen. Tagsüber kochte sie und machte sauber, abends speiste sie mit dem Schwarzen, und nach dem Essen legte sie sich schlafen.

Eines Morgens klopfte der Lala abermals an die Tür, doch als sie öffnete, fragte er nicht, ob er sie nach Hause fahren solle, sondern sprach: »Deine Schwestern haben sich Kleider nähen lassen, auch für dich ist eins dabei, und weil du dich jetzt gut stehst, wirst du den Schneider bezahlen.«

Sie erkundigte sich nach der Rechnung, hörte, daß sie sich auf zehn Lira belaufe, und während sie die Hausarbeit verrichtete, dachte sie immer wieder: Wo soll ich das Geld hernehmen? Wo nehme ich das Geld her? Schließlich kamen ihr die Tränen. Sie weinte und weinte, dann wurde sie ohnmächtig.

Der Schwarze, der von der Vogeljagd zurückkehrte, fand sie auf

dem Fußboden und besprengte sie mit Wasser. »Meine Tochter, was ist geschehen?«

Sie rieb sich die Augen und erzählte es ihm.

»Sei deswegen nicht traurig«, sagte er. »Glaub mir, wir werden es irgendwie möglich machen.«

Später kam der Schloßherr, ein junger Prinz, dessen Lala der Schwarze war. Als der Prinz hörte, was sich zugetragen hatte, sprach er: »Schlag auf den kleinen Zauberkasten. Darin findest du, was meine Sultanin sucht«, denn er hatte des Padischahs jüngste Abend für Abend im Schlaf gesehen, ihre Schönheit bewundert und sie »meine Sultanin« genannt.

Der Schwarze nahm einen Hammer, schlug auf den Kasten, öffnete ihn und nahm einen vollen Geldbeutel heraus. Den gab er am Morgen dem Mädchen.

Ein paar Tage später klopfte es wieder, und der Lala meldete: »Deine Mutter und deine Schwestern wollen dich besuchen, um ihren künftigen Schwiegersohn und Schwager kennenzulernen.«

»Gut, ich werde es meinem Gebieter sagen«, erwiderte die Prinzessin, die den jungen Prinzen noch nie gesehen hatte. Was soll nun werden? dachte sie. Als ihr Lala gegangen war, brach sie in Tränen aus, dann verlor sie das Bewußtsein.

Der Schwarze fand sie, besprengte sie mit Wasser, und nachdem sie zu sich gekommen war und ihm ihr Leid geklagt hatte, tröstete er sie: »Sei deswegen nicht traurig. Glaub mir, wir werden es irgendwie möglich machen.«

Am späten Abend erzählte er alles dem Prinzen, und der Prinz erwiderte: »Schlage auf den großen Zauberkasten! Zimmerleute sollen kommen, Ordnung schaffen, und vierzig weiße und vierzig schwarze Dienerinnen sollen schmackhafte Speisen zubereiten. Meine Sultanin soll ihr Kleid dem Mädchen an der Tür geben, selbst aber ein Diamantengewand tragen und der Mutter und den Schwestern sagen, daß ihr Prinz unterwegs sei.«

Der Schwarze ergriff eine Keule, schlug auf den großen Zauberkasten, und als die Sultanin am Morgen erwachte, war das Schloß wie umgewandelt, jede schadhafte Stelle ausgebessert, jede Tafel reich gedeckt.

Der Lala fuhr vor, kündigte Mutter und Schwestern an. Bald traten die Besucher ein und umarmten das prächtig gekleidete Mädchen an der Tür, das sie für die Verlobte des Prinzen hielten. Doch als sie die wirkliche Hausherrin in ihrem Diamantengewand sahen, erblaßten die Schwestern vor Neid. Nur die Mutter freute sich, daß es der jüngsten schon vor der Hochzeit so gut ging.

»Meine liebe Mutter«, sagte die Braut, »mein Prinz ist unterwegs.«

Dann erklang Musik. Der Schloßherr traf in einer Kutsche ein, und die Schwestern wurden gelb und grün vor Neid, weil er so gut aussah.

Die Gäste wurden zu Tisch gebeten, und nachdem sie sich gestärkt hatten, bat die Braut, ihrem Vater einen Boten zu schicken und ihn zum Fest holen zu lassen.

Der Padischah wurde ins Schloß gebracht, darauf die Hochzeitsfeier begangen, vierzig Tage, vierzig Nächte lang, bei viel Musik, bei Speis und Trank, und alle haben zugelangt. Das junge Paar hat sich bedankt, am Ziel der Wünsche angelangt.

Der falsche Hodscha

Weiß einer, wie es geschah, weiß keiner, ob es wer sah? Das ist die Frage, doch es geht die Sage, da waren einmal ein Bauer und seine Frau, die lebten in bitterer Not. Der Mann ertrug das schwere Los mit Fassung. Die Frau aber wollte sich mit ihrem Schicksal nicht abfinden. So dachte sie darüber nach, was sie anstellen konnte, um nicht mehr arm zu sein. Tag und Nacht tüftelte und grübelte sie, und schließlich sprach sie zu ihrem Mann:

»Nein, wie bisher geht es nicht weiter. Sieh mich an, ich bin dünn wie Zwiebellauch. Wenn du nicht bald Geld beschaffst, dann verhungere ich noch.«

»Du hast gut reden«, entgegnete der Mann. »Von frommen Wünschen werden wir nicht satt. Arbeiten müssen wir, noch mehr arbeiten. Geld beschaffen. Das ist leicht gesagt. Ich glaube kaum, daß es dir zuliebe Goldstücke regnet.«

»Regnen nicht«, meinte die Frau, »die Leute bringen sie dir ins Haus, aber vorher ziehen wir erst mal in die Stadt. Dort gebe ich dich als großen, gelehrten Hodscha aus. Dann wirst du sehen, wie sie gelaufen kommen.«

Gesagt, getan. Sie wechselten also die Wohnung, und die Frau reichte ihm ein Buch, das er aufschlug. Da er jedoch nicht lesen konnte, hielt er es verkehrt herum in den Händen. »Ich glaube, du mußt es umdrehen«, bemerkte sie, und als er ihrem Rat gefolgt war, sagte sie: »So scheint es recht zu sein. Nun gebrauche deinen Kopf. Alles andere überlaß getrost mir.«

Nachdem sie diese Worte an ihn gerichtet hatte, ging sie fort, um die ungewöhnlichen Fähigkeiten ihres Mannes zu preisen. Von Haus zu Haus lief sie, von Straße zu Straße, aus einem Stadtviertel ins andere. Überall erzählte sie, was für ein weiser Hodscha er sei – ein Gelehrter und Wahrsager, der die Zukunft voraussehen und Kranke heilen könne.

Da sie in glühenden Farben schilderte, welche wunderbaren Kräfte ihm innewohnten, fanden sich schon am nächsten Tag zwei Frauen bei ihm ein. Die erste beklagte sich, von ihrem Sohn lange keine Nachrichten erhalten zu haben. Nun wollte sie wissen, woran sie war, wann er aus der Ferne endlich zurückkehre.

Der falsche Hodscha nahm sein Buch zur Hand, befeuchtete Daumen und Zeigefinger mit den Lippen, blätterte einige Seiten um und sprach: »Nächsten Dienstag, steht geschrieben. Ganz ohne Zweifel, zwischen Montag und Mittwoch kommt er zu dir.«

Die zweite Frau machte ein kummervolles Gesicht. »Mein Töchterchen liegt krank zu Bett«, jammerte sie, »es fiebert und ißt nichts und findet keinen Schlaf. Weißt du eine Medizin, die der Ärmsten hilft, gesund zu werden?«

Wieder tat der Hodscha, als ob er sein Buch befrage. Dabei tüftelte er emsig. Da ihm trotzdem nichts einfiel, schaute er sich nachdenklich im Zimmer um. Sein Blick streifte eine duftende Blume, und er sprach erleichtert: »Siehst du diese zarte Blüte? Nimm sie, trag sie behutsam heim, bereite aus ihren Blättern lieblichen Tee! Den gibst du deiner Tochter zu trinken. Du wirst staunen, wie rasch sie auf die Beine kommt.«

Der Zufall wollte es, daß der Sohn der ersten Frau am Dienstag zur Mutter zurückkehrte und die Tochter der zweiten bald so weit genesen war, daß sie das Bett verlassen konnte.

Nun sprach es sich überall herum, daß der Hodscha ein Hellseher und ein Meister der Heilkunst sei. Was er voraussage, das trete ein, was er einem Kranken verordne, das bringe Heilung. Der Mann wurde berühmt und immer berühmter. Sein Ruf drang über die Grenzen der Stadt hinaus. Die Leute hörten es und staunten. Einige meinten, er stehe mit dem Teufel im Bunde, andere, er berate sich mit irgendwelchen Geistern. Für den Hodscha und seine Frau hatte alle Not ein Ende.

Da geschah es, daß Räuber ihr Unwesen trieben und sich am Eigentum des Padischahs vergriffen. Vierzig Maulesel stahlen sie ihm, vierzig Maulesel und vierzig Sack Gold. Eine fieberhafte Suche nach den Dieben und dem Diebesgut begann, doch alle Mühe war umsonst. Die Maulesel kehrten wohl zurück, von den Räubern und dem Schatz aber fehlte jede Spur. In seinem Zorn befahl der Padischah, vier Angehörige der Hofwache zu enthaupten. Dann ließ er überall verkünden: »Wer die Diebe oder das verschwundene Gold ausfindig macht, den will ich reich belohnen.«

Die Ausrufer des Großherrn eilten durch das ganze Land, um die Nachricht von dem Diebstahl zu verbreiten und kundzutun, daß den Finder eine fürstliche Belohnung erwarte.

Als des Hodschas Frau die Botschaft hörte, sprach sie sogleich zu ihrem Mann: »Das ist eine einzigartige Möglichkeit, mit einem Schlage noch reicher zu werden, als wir nun schon sind. Diese Gelegenheit dürfen wir nicht ungenutzt lassen. Reite rasch zum Padischah, biete ihm untertänigst deine Dienste an.«

Davon wollte der Hodscha nichts wissen. Die Sache war ihm viel zu gefährlich, als daß ihn nach der Belohnung gelüstet hätte. »Bist du recht bei Troste, Frau?« rief er ganz entrüstet aus. »Wie soll ich die Räuber finden, wenn es so vielen Häschern nicht gelungen ist? Hast du wirklich den Verstand verloren, daß du selbst schon an den Schwindel mit dem Zauberbuch glaubst, oder willst du mich loswerden, um dich ein zweites Mal verheiraten zu können? Nein, nein, vergiß deine hirnverbrannte Idee! Ich habe keine Lust, mir den Kopf abschlagen zu lassen.«

Doch inzwischen war auch dem Padischah zu Ohren gekommen, daß es in seinem Reich einen Hodschah mit übernatürlichen Kräften gab. Er zog Erkundigungen ein, wo der Hellseher ansässig sei, und bestellte ihn kurzerhand zu sich.

»Wie du weißt, bin ich schamlos bestohlen worden«, sprach der Padischah, als der Hodscha vor ihm stand. »So mancher brave Mann hat versucht, mein Eigentum zurückzuholen, aber niemand hat es geschafft. Anscheinend bist du der einzige, der dazu befähigt ist, und da du über die Macht verfügst, mir zu helfen, wirst du entweder tun, was ich gebiete, oder das Schicksal der vier Schlafmützen meiner Palastwache teilen.«

Der Hodscha begriff, daß er sich in keiner beneidenswerten Lage befand. Die Forderung des Padischahs abzuschlagen war unmöglich. Wenn er es täte, wäre sein Hals dünner als ein Haar, aber er konnte auch nicht glauben, daß es ihm gelingen würde, den Auftrag zu erfüllen, und so hinge sein Leben in diesem Fall ebenso an einem seidenen Faden. Er zwang sich, die Nerven zu behalten, und um Zeit zu gewinnen, ersann er eine List. »Großmächtiger Herrscher, ich will Euch gern dienstbar sein«, erwiderte er, »allein die Sache ist sehr schwierig. Sie bedarf höchster Anstrengungen. Will ich die Aufgabe lösen, brauche ich größte Ruhe, außerdem eine angemessene Frist, vielleicht sogar eine Zeit von vierzig Tagen. Laßt im Wald ein Häuschen für mich errichten, damit ich ungestört bin, und täglich

gefüllte Lammbraten zu mir bringen! Dann werde ich Euer ergebener Diener sein.«

Der Padischah befahl seinen geschicktesten Handwerkern, am stillsten Ort des Waldes über Nacht ein Häuschen zu bauen. Am nächsten Tag schon zog der Hodscha ein. Zu seiner Frau, die ihn begleitete, sagte er: »Ich hoffe, daß mir das Glück hold ist und mich das Abenteuer nicht Kopf und Kragen kostet. Vierzig Tage ist eine lange Zeit. Da kann allerlei passieren. Vielleicht wird das Gold ohne mein Dazutun gefunden, oder der Tod ereilt den Padischah, oder ein Krieg bricht aus. Warum sollte nicht ein unverhofftes Wunder geschehen und der Zufall verhindern, daß sie mir den Hals abschneiden?«

Blitzschnell verbreitete sich die Kunde, der unfehlbare Hodscha habe sich in die Einsamkeit zurückgezogen, um sein Buch zu studieren und herauszubekommen, wer die Golddiebe seien und wo der Schatz versteckt liege.

Ja, was soll ich sagen! Diese Nachricht erreichte auch die Räuber, die natürlich wähnten, daß eine schreckliche Gefahr für sie heraufzöge. Wie, wenn der sonst so verschwiegene Wald plötzlich zu reden begann? Da sie sich eine böse Überraschung ersparen wollten, schickten sie gleich am ersten Tag einen Kundschafter aus. Der schlich um das Häuschen herum, spähte durchs Fenster, lauschte an der Tür, aber als er ein Geräusch vernahm, trat er schnell hinter einen Baum. Von seinem Versteck aus sah er zwar nicht den Diener, der den gefüllten Lammbraten brachte, doch er vernahm, wie der Hodscha ausrief: »Frau, Frau, der erste ist bereits eingetroffen. Jetzt erwarte ich noch neunund-dreißig.«

Als der Räuber das hörte, erschrak er nicht schlecht. Mit dem ersten meint er mich, dachte er bestürzt, und die neununddreißig sind selbstverständlich meine Brüder. Der Hodscha hat die Gabe, den Schatz zu finden, das war zu befürchten, aber tatsächlich ist es weit schlimmer. Der Mensch weiß nicht nur, daß ich hier bin, er weiß sogar, daß wir insgesamt vierzig sind.

Am Tag darauf schickte der Anführer der Bande zwei Kundschafter aus. Sie schlichen beide um das Haus herum, lauschten, spähten – und versteckten sich, als sie Schritte hörten.

Wieder wurde gefülltes Lamm gebracht, und der Hodscha ließ seine Stimme ertönen: »Frau, Frau, jetzt sind es schon zwei. Demnach verbleiben noch achtunddreißig. Sind sie alle vertilgt, hat die liebe Seele Ruh.«

»Da hörst du's«, flüsterte der eine Räuber dem anderen zu, »er will uns vertilgen. Dieser Mann ist ein Hellseher. Er weiß nicht nur, daß wir zu zweit gekommen sind, er weiß sogar, daß wir achtunddreißig Brüder haben.«

»Das stimmt, das stimmt«, wisperte der andere, »er ist allwissend. Daher wird es ihm kaum schwerfallen, das Gold aufzuspüren und alle vierzig Mann dem Padischah auszuliefern. Dann verlieren wir den Schatz und das Leben dazu. Aber wenn wir uns freiwillig stellen und das Versteck preisgeben, retten wir womöglich unsere Haut.«

Sie wurden sich rasch einig, gingen gemeinsam ins Häuschen,

verneigten sich tief und verrieten dem Hodscha, wo das Geld lag: »Zur Tür hinaus, tausend Schritte der Morgensonne entgegen, am Fuße des roten Hügels, unter dem großen Felstor, dort halten wir es verborgen.«

Flink wie ein Hirsch rannte der Hodscha zum Padischah und berichtete, was seine Nachforschungen ergeben haben.

Im ersten Morgengrauen fanden sich vierzig Leute mit Mauleseln vor seinem Häuschen ein. Dort verharrten sie still, bis die Sonne den Wald mit lichten Farben erfüllte. Dann zogen sie in östlicher Richtung weiter. Kaum hatten sie neunhundert Schritte zurückgelegt, sahen sie das rötliche Gestein eines unbewaldeten Hügels durch das Laub der Bäume schimmern, und als sie dichter herangekommen waren, erblickten sie eine große Felsplatte am Fuße des Hügels.

»Jetzt packt an«, sprach der Hodscha zu den vierzig Männern, »hinter diesem Felstor liegt das Gold.«

Mit vereinten Kräften wurde die Platte zur Seite geschoben und der Eingang zur Höhle freigelegt. Die Leute setzten ihre Fackeln in Brand, krochen einer nach dem anderen hinein, fanden im flackernden Feuerschein den Schatz; jeder warf sich einen Sack auf die Schulter und schleppte ihn aus der Höhle. Draußen wurden die vierzig Maulesel beladen. Dann zog die Kolonne, der Hodscha voran, zum Palast des Padischahs.

Der Herrscher war überglücklich, als er den Schatz unversehrt vor sich sah. »Schon nach drei, nicht erst nach vierzig Tagen gibst du mir mein Eigentum zurück«, rief er mit lauter Stimme. »Solchen Eifer lob ich mir. Zum Lohn darfst du dir etwas wünschen.«

Da verneigte sich der Hodscha dankbar und sprach erfreut: »Wenn Ihr mir einen Wunsch erfüllen möchtet, dann laßt mich dorthin gehen, wo ich hergekommen bin. Nach dem Leben im Wald zieht es mich wieder in die Stadt.«

Es gefiel dem Padischah sehr, daß der Hodscha so bescheiden war. Indes wollte er ihm seine Dienste entgelten, und er sprach: »Die kleine Hütte ist zu armselig für einen Mann, der sich so glänzend hervorgetan hat. Ihm gebührt ein Platz im Palast. Dort sollst du fortan wohnen.«

Dagegen wußte der Hodscha nichts einzuwenden. So siedelte er in die Residenz über, und ein neues Leben begann. Er heiterte den Padischah auf, wenn der Herrscher trübsinnig war, erteilte ihm einen Rat, sooft schwierige Entscheidungen zu treffen waren, und manchmal begleitete er ihn bei seinen Gängen durch die Gärten und Parks.

Als sie eines Tages wieder einmal spazierengingen, bemerkte der Hodscha, daß sich aus dem Gürtel des Padischahs ein Diamant löste und zur Erde fiel. Eine Gans, die des Weges watschelte, packte den funkelnden Edelstein mit dem Schnabel und verschluckte ihn. Der Hodscha überlegte nicht lange, ergriff das Tier und band ihm einen bunten Faden um den Hals.

Schon bald vermißte der Padischah den Diamanten und suchte ihn überall, in den Gemächern, in den Gärten und Parks, aber der Stein blieb verschwunden. Schließlich ließ der Herrscher den Hodscha kommen und erzählte ihm von seinem Mißgeschick.

Der durchtriebene Schwindler fand sogleich recht trostreiche Worte. »Mein Padischah, beunruhigt Euch wegen des Verlustes nicht. Ich flehe Euch an, verlaßt Euch auf mich. Ist es mir vergönnt gewesen, vierzig Säcke voll Gold wieder herbeizuschaffen, wird es mir bei dem einen Edelstein erst recht gelingen.«

Das leuchtete dem Padischah ein, und er zog sich in seinen Palast zurück.

Der Hodscha begab sich sofort auf die Suche, griff unter den Gänsen der Residenz diejenige mit dem bunten Faden heraus und trug sie in den Palast. »Mein Padischah, ich bitte Euch, diese Gans schlachten zu lassen. Der Diamant befindet sich in ihrem Magen.«

Nun befanden sich im großherrschaftlichen Gefolge natürlich auch argwöhnische Leute. Selbst in diesem Augenblick glaubten etliche von ihnen nicht an die hellseherischen Fähigkeiten des Hodschas, aber als die Gans geschlachtet und der Diamant an seinen alten Platz zurückgekehrt war, schwanden auch dem mißtrauischsten Höfling die letzten Zweifel. Allerdings gab es immer noch einige, die dem Hodscha die Gunst des Herrschers neideten. Sie würdigten ihn herab, bezeichneten ihn als Luftikus, Aufschneider, Lügner und rieten dem Padischah, ihn davonzujagen. Der Padischah aber nahm den Hodscha in Schutz und wollte sich nicht von ihm trennen.

Da überlegten die Feinde des Hodscha, wie sie ihn trotzdem loswerden könnten, und beschlossen: »Wir bringen ihn einfach um.«

Der Padischah war ein großer Pferdeliebhaber. Vor allem brüstete er sich, einen besonders wilden, unzähmbaren Hengst zu besitzen, einen wahren Teufel in Pferdegestalt, den bislang niemand geritten hatte. Alle, die es versuchten, warf er so ungestüm ab, daß sie, wie vom Blitz getroffen, hinschlugen und mit gebrochenen Knochen liegenblieben.

»Der Hodscha behauptet, über magische Kräfte zu verfügen«, sagten seine Feinde zum Padischah, »das können wir nicht recht glauben. Soll er sich dem feurigen Hengst auf den Rücken schwingen und zeigen, was er kann. Falls er wirklich etwas von Zauberei versteht, wird es ihn geringe Mühe kosten, den Satan zu bändigen. Erst wenn er uns solcherart überzeugt, wissen wir, daß wir uns getäuscht haben, begraben unsere Zweifel und sehen ihn gern an Eurem Hofe.«

Der Padischah zögerte lange, dem Plan der Hodschafeinde zuzustimmen, aber sie stichelten, bis er sich schließlich überreden ließ und einwilligte.

Da vollführten diese Männer einen Freudentanz. »Der Hodscha ist so gut wie tot«, jubelten sie, als sie unter sich waren, »heute noch fliegt er vom Roß und bricht sich das Genick«, denn seitdem er den Diamanten aufgespürt hatte, hielten sie ihn zwar für einen Hellseher, aber sie waren überzeugt, daß er den Teufelshengst nicht reiten konnte.

Doch der Hodscha durchschaute seine Widersacher und wußte, daß sie ihm nach dem Leben trachteten. Entschlossen, ihre Pläne zu durchkreuzen, beschaffte er sich ein starkes Beruhigungsmittel, das er in den Wasserkübel schüttete, kaum daß ihm ein Diener die Entscheidung des Padischahs überbracht hatte.

Nach dem Tränken wurde der Hengst gefügig wie ein Lamm. Völlig zahm ließ er sich von dem Hodscha führen, duldete sogar, daß der Schelm aufsaß, am Padischah vorbeiritt und an den enttäuschten Höflingen, denen er dank seiner Erfindungsgabe das Handwerk gelegt hatte.

Das wäre noch einmal geglückt, dachte er, als er danach mit dem Herrscher durch den Garten spazierte. Eine richtige Glückssträhne habe ich bisher gehabt, aber irgendwann muß sich das Blättchen wenden, irgendwann merken sie den Schwindel. Dann Gnade mir Gott. Dann werde ich vom Pech verfolgt. Ein Unglück kommt selten allein.

Während der Hodscha trüben Gedanken nachhing, starrte er finster vor sich hin. So entging es ihm, daß der Padischah eine Heuschrecke fing.

»Rate, was ich gefangen habe«, befahl der Padischah.

Da haben wir den Salat, dachte der Hodscha traurig, ich habe es kommen sehen. Ratlos blickte er den Herrscher an, wußte nicht, was er antworten sollte, und tat sich selber leid. »Ja, ja, so ist das«, murmelte er vor sich hin, »hops, hüpft die Heuschrecke einmal durchs Gras, hops, hüpft sie ein zweites Mal, doch irgendwann hat sie sich ausgehüpft.«

»Bravo, du bist eben unfehlbar«, sprach der Padischah entzückt, »nichts, aber auch nichts bleibt dir verborgen.«

Noch einmal ist es gut gegangen, stellte der Hodscha fest, doch konnte er sich schon nicht mehr über die unverhoffte gute Fügung freuen. Mein Padischah, dachte er bekümmert, mein Padischah, wenn du wüßtest, wie eng mir in meiner Haut war, wie schrecklich ich diesmal geschwitzt habe ...

Wenige Tage darauf schwitzte der Hodscha noch heftiger, nämlich im Hammam, als im Bad so kräftig eingeheizt war, daß ihm schwindelte. »Raus, raus«, brabbelte er, weil er fürchtete, ohnmächtig zu werden, »fort von hier, schnell fort! Im Hammam lauert der Tod.« Taumelnd stürzte er ins Freie.

Der Padischah, der ebenfalls badete, meinte, daß die Worte ihm galten, faßte sie als Warnung auf und folgte dem Hodscha an die frische Luft.

Kaum waren die Männer draußen, stürzte die Kuppel des Badehauses ein.

Der Padischah wandte sich dem Hodscha zu. »Du bist ein dienstbarer Schlaukopf, der mir schon oft aus der Patsche geholfen hat. Heute hast du mir sogar das Leben gerettet. Dafür erfülle ich dir einen ganz besonderen Wunsch.«

»Mein Padischah, wenn Ihr mir diese Gnade erweisen wollt, so wünsche ich, daß Ihr mir das Leben schenkt«, sprach der Hodscha,

der eine günstige Gelegenheit sah, sein Gewissen zu erleichtern. Er warf sich dem Padischah zu Füßen und erzählte, wie er die Leichtgläubigkeit der Leute ausgenutzt habe, um nicht länger hungern und darben zu müssen, wie ihm mehrmals der Zufall zu Hilfe gekommen sei, so daß man ihn schließlich für einen großartigen Wahrsager und Heilkünstler gehalten habe. »Ich sehe ein, daß es unrecht war, Euch und die abergläubischen Menschen zu hintergehen«, gestand er, »ich weiß, daß ich ein Betrüger bin und somit mein Leben verwirkt habe, doch da ich Euch, mein Padischah, das Eure gerettet habe, seid Ihr vielleicht bereit, mir dafür das meine zu schenken.«

Der Padischah erwiderte stirnrunzelnd: »Unter der Bedingung, daß du nie mehr jemanden betrügst, will ich dir deinen Wunsch erfüllen. Versprich es, dann sollst du in Frieden nach Hause ziehen.«

Der reuige Sünder gelobte es. Dann fuhren er und seine Frau in die Stadt. Daheim angelangt, trennten sie sich von ihrer neuen Wohnung, zogen in die frühere zurück, verkauften die feinen Sachen, die sie am Hofe getragen hatten, steckten das Geld in ein größeres Feld, und er machte bekannt, weder Hodscha noch Hellseher zu sein, künftig nie mehr etwas anderes sein zu wollen als ein einfacher Bauer, der ein Stück Land erworben hat, um es im Schweiße seines Angesichts zu bestellen.

Doch sein Ruhm war in die fernsten Winkel des Reiches gedrungen. Wenn jemand Rat brauchte, eilte er zu ihm. Der Bauer aber sprach: »Geh dorthin zurück, wo du hergekommen bist! Hab Geduld und tu selbst, was in deinen Kräften steht, um ans Ziel deiner Wünsche zu gelangen! Und reicher Kindersegen möge dir beschieden sein.«

Vom Raben, der jemanden glücklich machen wollte

Vor langer Zeit, als das Kamel noch Kalif war, der Esel Wesir, meine Mutter meine Tochter und ich meiner Mutter Vater, spazierte ein Rabe über die Felder, schwang sich in die Lüfte und flatterte von Baum zu Baum. Fröhlich krächzte er sein Lied, und alle Leute hielten sich die Ohren zu.

Den Menschen mißfällt mein Gesang, dachte der Rabe traurig. Sie mögen mich nicht leiden. Ob ich denn auch einmal jemanden glücklich machen kann?

Eines Tages stolzierte er wieder über ein Feld. Dabei trat er sich einen großen Splitter ein, zog ihn heraus und flog zu einer alten Frau.

»Großmutter, ich bringe dir einen Span, den ich nicht immer mitschleppen will, aber fortwerfen möchte ich ihn auch nicht, weil er recht wohlgeraten ist. Darf ich ihn bei dir lassen, bis ich wiederkomme, um ihn zu holen?«

Die Alte versprach, die Spleiße wie ihren Schatz zu hüten. Doch als am Abend die Petroleumfunzel blakte, versuchte sie den Docht zu richten. Dazu nahm sie den Splitter, der beim Stochern in der Flamme Feuer fing und verbrannte.

Bald schwebte der Rabe herbei.

»Kra, kra, kra.
Ist mein Spänchen noch da?
Großmutter, hast du's aufgehoben,
will ich dir danken und dich loben.«

»Ach«, sprach die Alte, »als ich den Docht aufrichten wollte, weil meine Lampe flackerte und rußte, fing der Span plötzlich zu brennen an.«

»Kra, kra, kra.
Kein Spänchen mehr da?
Gib 's Lämpchen dafür.
Mein Splitter nicht hier?
Die Lampe mir her!«

Die Alte stellte sich taub, und der Rabe flatterte aufs Fensterbrett. Dort krächzte er so lange, bis der Frau die Ohren schmerzten. Da rückte sie dem Quälgeist ihre Lampe heraus.

Am Morgen flog der Rabe zu einer Bäuerin. »Ach, liebes Mütterchen, verwahr die schöne Lampe für mich, ich bitte dich. Sie ist so schwer, daß ich sie nicht überallhin mitschleppen kann. Darf ich sie bei dir lassen, bis ich wiederkomme, um sie zu holen?«

Die Frau versprach, das gute Stück wie ihren Schatz zu hüten.

Am Abend ging sie in den Stall, um die Kühe zu melken, stellte die Lampe neben sich auf eine Kiste, und während die Milch in den Eimer floß, wehrte ein Kälbchen die Fliegen ab. Dabei traf sein Schwanz die Lampe, die in tausend Scherben ging.

Schon schwebte der Rabe herbei.

»Kra, kra, kra.
Ist die Lampe noch da?
Mütterchen, hast du sie aufgehoben,
will ich dir danken und dich loben.«

»Ach, lieber Rabe«, sprach die Bauersfrau, »um Licht zu haben und besser sehen zu können, habe ich die Lampe in den Kuhstall gestellt, und das Kälbchen hat sie mit dem Schwanz zerschlagen.«

»Kra, kra, kra!
Keine Lampe mehr da?
Gib 's Kälbchen dafür.
Meine Lampe nicht hier?
Das Kälbchen mir her!«

Die Bäuerin wollte das Kälbchen behalten und tat, als höre und verstehe sie nichts. Da flatterte der Rabe aufs Fensterbrett und krächzte ihr so die Ohren voll, daß er das Kälbchen schließlich erhielt.

Der Rabe führte das Kalb zu einer armen Witwe. »Schwester, Schwester, glaube mir, ich weiß nicht mehr, wohin mit dem Tier. Darf ich das Kälbchen bei dir lassen, bis ich wiederkomme, um es zu holen?«

Der Stall der Witwe war natürlich leer, und sie versprach, das Kalb wie ihr eigen zu hüten.

Nun wohnte nebenan ein junger Zuckerwarenverkäufer, der die Tochter der Witwe gern geheiratet hätte und nur nicht um sie freite, weil die Witwe so arm war.

Doch wie staunte der junge Mann, als er hörte, daß seine Nachbarin ein teures Kälbchen erworben habe. Da war er mit der Heirat sogleich einverstanden. Die Braut wurde eingekleidet und das Kalb mit der übrigen kärglichen Mitgift zum Nachbarn gebracht.

Das Mädchen liebte jedoch nicht den jungen Mann, der Naschwerk verkaufte, sondern einen Hirten, der wunderschön auf der Flöte spielen konnte.

Kaum war die Hochzeit vorbereitet, die Braut eingekleidet, das Kälbchen dem Bräutigam übergeben, schwebte der Rabe herbei.

»Kra, kra, kra.
Ist's Kälbchen noch da?
Schwester, hast du es aufgehoben,
will ich dir danken und dich loben«

»Ach, bester Rabe«, sprach die Witwe, »meine Tochter soll den Sohn des Nachbarn heiraten, und zur Hochzeit kommen so viele Gäste, daß wir es hinüberbrachten, damit sie es für den Festschmaus schlachten.«

»Kra, kra, kra.
Kein Kälbchen mehr da?
Gib 's Bräutchen dafür.
Mein Kälbchen nicht hier?
Das Bräutchen mir her!«

Die Witwe schüttelte den Kopf, aber der Rabe krächzte so lange, bis ihr ganz schwindlig wurde und sie die Tochter hergab.

Der Rabe und das Mädchen begaben sich auf die duftige Weide.

»Schau, lieber Hütejunge, ich bringe dir die Braut, angetan mit ihrem Hochzeitskleid«, sprach der Rabe und flog auf einen hohen Baum. Von oben sah er zu, wie die Schäfchen Gras rupften und das junge Paar lachte und auf der duftigen Weide tanzte. »Dem Hirten hab ich die Braut gebracht«, sang er zufrieden zu dem Flötenspiel des Hirten, »zwei Menschen habe ich glücklich gemacht.
Das hab ich fein mir ausgedacht. Kra, kra, kra.
Trallalalala ...«

Die Brüder

Ein wohlhabender Mann besaß nicht nur Geld, sondern auch ein schmuckes Haus gleich hinter der Moschee des Städtchens und zwei schöne Felder, eins im Norden, das andere im Süden. Als er merkte, daß seine letzte Stunde nahte, rief er die Söhne zu sich und sprach: »Ihr wißt, daß ich euch ins Herz geschlossen habe, aber nun bin ich alt, und es ist Zeit, daß ich von euch gehe. Streitet nicht, lebt einträchtig miteinander, macht es wie ich: Seid arbeitsam, haltet maß beim Essen! Ihr seht, wozu ich es gebracht habe. Ich hinterlasse euch nicht nur eine ansehnliche Barschaft, sondern auch ein schmuckes Haus und zwei fruchtbare Felder. Teilt den Besitz brüderlich auf, mehret ihn, so gut ihr könnt!«

Nachdem der Sterbende diese Mahnung an seine Söhne gerichtet hatte, brach ihm das Auge. Sie trauerten aufrichtig um ihn, gedachten seiner guten Taten und nahmen sich das Erbe zu gleichen Teilen. Der ältere bekam die eine Hälfte vom Geld, der jüngere die andere, der ältere das Feld am Südrand des Städtchens, der jüngere das am Nordrand, und ihr Elternhaus bei der Moschee bewohnten sie gemeinsam.

Der ältere Bruder eiferte dem Vater nach. Er war von früh bis spät auf den Beinen, jätete Unkraut, lockerte den Boden, schleppte Wasser herbei, baute Gemüse an: Auberginen, Zwiebeln, Tomaten und dergleichen mehr. Da alles prächtig gedieh, barg er eine gute Ernte.

Der jüngere aber schlief, bis ihn die Mittagssonne weckte. Dann ging er in das nächste Kaffeehaus und speiste so ausgiebig, daß er vor Trägheit nicht arbeiten mochte. Von dem üppigen Essen wurde er unförmig dick, er platzte aus den Nähten. Da mußte er sich neue Kleider kaufen. Die alten versteckte er in einer Truhe. Doch um sein Feld machte er einen Bogen. Ich kann nicht mit ansehen, wie das Gemüse verdorrt, dachte er, wie das Unkraut es überwuchert; der Anblick wäre zu traurig für mich.

Wenn der ältere abends heimkehrte, war er hungrig und rechtschaffen müde; doch es verdroß ihn nie, daß der jüngere später nach

Hause kam. Ich bin älter und kräftiger, sagte er sich, da geht mir die Arbeit leichter von der Hand. Hat mein Bruder sein Tagewerk geschafft, soll er sich nicht noch ums Essen kümmern. Also garte er Nudeln, mischte gehackten Spinat unter, kochte kräftigen Pilaw, stellte Schälchen mit Tomaten, Zwiebeln, Oliven, Knoblauch dazu, manchmal gab es Dolma – gefüllte Weinblätter – oder Bohneneintopf mit Paprikamark und Rindfleisch oder in zwei Scheiben geschnittenes Fladenbrot mit gegartem Hammelfleisch, Küchenkräutern und Salatschnipsel.

Hin und wieder hörte der jüngere freilich aus manchen Fragen heraus, daß dem älteren einiges merkwürdig erschien, doch er war schlau und kaum um eine Ausrede verlegen.

»Hör mal, Bruderherz, wie kommt es eigentlich, daß du von deinem Feld kein Gemüse mitbringst?« erkundigte sich der ältere. »Ist der Boden so schlecht, oder verkaufst du alles auf dem Markt?«

»Ich habe nie etwas verkauft; Gott soll mir mein Leben nehmen, wenn ich nicht die Wahrheit spreche«, antwortete der jüngere, »und über den Boden kann ich nicht klagen. Nein, statt Gemüse anzubauen, habe ich Maulbeerbäume gesetzt, denn später möchte ich Seidenraupen züchten. Es sollte eine Überraschung werden, aber da du es heute schon wissen willst, muß ich es wohl verraten.«

»Seidenraupen, soso«, sagte der ältere und lächelte zufrieden. Die Idee gefiel ihm gut. »Das würde unsern Vater freuen, wenn er wüßte, wie du sein Vermögen mehrst.«

Ein andermal wunderte es ihn, daß der Bruder nicht in Arbeitskleidung vom Feld kam, sondern teure neue Sachen trug.

»Ach, das ist wegen der Leute«, erklärte der jüngere. »Sie sollen nicht denken, daß ich mein Äußeres vernachlässige, seitdem unser Vater tot ist. Deshalb ziehe ich mich lieber um, ehe ich nach Hause gehe.«

Während der jüngere so in den Tag hinein lebte, schmolz sein Erbteil dahin. Als das Geld restlos vertan war, suchte er einen Pächter für sein Feld, fand jedoch keinen. Niemand hatte Lust, den ausgedorrten, verunkrauteten Boden zu bestellen. Da wandte er sich an den Bruder und sagte, er würde nun gern Seidenraupen für die Zucht anschaffen, wenn er nur wüßte, wo er einige Barmittel leihen könnte.

»Ach, mach dir deswegen keine Sorgen«, erwiderte der ältere. »Ich habe einen großen Teil meiner Ernte verkauft. Ein paar Lire kann ich dir schon geben.«

Der jüngere streckte die Hände aus, der ältere legte Geld hinein, der jüngere lächelte wohlgefällig, bedankte sich, und der ältere erklärte, er habe gleichfalls einen Wunsch, nämlich, den Laden eines alten Kaufmanns zu übernehmen. Leider müßte er dann auf seine bisherige Arbeit verzichten, und es wäre ein Jammer um das gute Feld.

»Ach, laß dir deswegen keine grauen Haare wachsen«, entgegnete der jüngere, »ich glaube, ich wüßte da einen Rat. Gib mir eine runde Summe, damit ich zwei Gehilfen beschäftigen kann. Zu dritt wird es uns möglich sein, meine Seidenraupenzucht und deinen Gemüsebau zu betreiben.«

Das leuchtete dem älteren ein. Er gab dem jüngeren noch mehr Geld, erwarb den Laden des alten Kaufmanns, schaffte Waren herbei: Brot, Maronen, Datteln, Feigen – eine wahre Augenweide, aber auch Halwa und anderes Naschwerk, und dann war Wiedereröffnung des Geschäfts, das sein Vorgänger geschlossen hatte. Als die Leute das reiche Angebot sahen, brachte es kaum jemand fertig, nicht hineinzugehen, und da der neue Kaufmann zu jedem Kunden freundlich war, blühte sein Geschäft. Es wurde eine Goldgrube.

Der jüngere aber trug das Geld in Kaffeehäuser und schlemmte weiter, bis er wieder mit leeren Händen dastand. Da wußte er sich keinen anderen Rat, als den älteren Bruder in seinem Laden aufzusuchen und zu sagen: »Wie ich sehe, gibt es bei dir noch viel zu tun, während ich schon Feierabend habe. Ich ruhe mich schon aus und du arbeitest noch. Wie könnte ich dulden, daß du dich um das

Abendessen kümmerst, wenn du erschöpft nach Hause kommst. Laß mich nur einige von deinen Waren einpacken, dann will ich dir einen leckeren Bissen vorsetzen.«

Dieser Vorschlag freute den älteren. Er war gern damit einverstanden, daß sein Bruder einen großen Korb voll Lebensmittel forttrug.

Der jüngere langte zu Hause an, stillte seinen Hunger und begann zu kochen und zu braten, bereitete als Nachtisch schmackhaften erfrischenden Gurkensalat mit Joghurt, Knoblauch, Minze. Es war das erstemal, daß er fürs Abendessen sorgte, und der ältere lobte ihn dafür.

So hielten es die Brüder eine Woche lang. Der jüngere holte Lebensmittel aus dem Laden, bereitete die Gerichte zu, erntete das Lob des älteren. Doch schließlich wurde ihm die Hauswirtschaft zuwider, und er klagte: »Immer etwas aus dem Laden. Findest du nicht, daß unser Menü ziemlich einförmig ist? Ich habe riesigen Appetit auf einen großen, saftigen Braten.«

Da gab ihm der ältere Geld für einen Fettschwanzhammel, aber als er am Abend nach Hause kam, traf er den Bruder nicht an, und den Braten suchte er vergeblich.

Dem Kleinen wird hoffentlich nichts zugestoßen sein, dachte er besorgt, lief zu dem Feld am Nordrand des Städtchens und fand statt der Maulbeerbäume und Seidenraupen, die er erwartet hatte, nur verdorrtes Unkraut auf ausgetrocknetem Boden. Er lief zu seinem eigenen Feld und sah nichts als welke Pflanzen.

Da fiel es ihm wie Schuppen von den Augen. Er kehrte nach Hause zurück, packte ein, was er zum Leben brauchte, verkaufte den Laden und zog in die Ferne; denn er wollte sich von dem jüngeren nicht länger ausnutzen lassen. Mein Bruder hat mich hintergangen, belogen und betrogen, dachte er, gut, daß unser Vater diese Schmach nicht sieht, er würde im Jenseits keine Ruhe finden.

Der jüngere Bruder kehrte zu später Stunde heim. Er hatte so reichlich gegessen, daß er sich kaum rühren konnte und auf der Stelle einschlief.

Als er endlich erwachte, ging er in den Laden und staunte, dort einen Fremden anzutreffen. Von ihm erfuhr er, daß sein Bruder weggezogen war.

Dreimal legte er sich hungrig schlafen, stand morgens noch hungriger auf, suchte die Felder ab, fand aber nichts außer Unkraut und verdorrten Gemüsestauden. Dreimal erschien ihm nachts der verstorbene Vater im Traum: Habe ich dir nicht geraten, deinen Kopf zu gebrauchen, klug zu sein, arbeitsam, einträchtig mit deinem Bruder zu leben, maßzuhalten im Essen?

Nach der dritten Nacht holte der Jüngling seine alten Sachen aus der Truhe und zog sie an. Die neuen verkaufte er auf dem Markt. Von einem Teil des Erlöses erstand er ein kleines Fladenbrot und eine Handvoll Oliven. Nach dem bescheidenen Mahl brach er auf, um den Bruder zu suchen und ein guter Mensch zu werden.

Du bist immer gut zu mir gewesen, dachte er reuevoll, du hast mir geholfen, wann und wo du nur konntest. Es tut mir in der Seele weh, dich belogen und betrogen zu haben, aber ich werde dich finden und für meine Schuld büßen.

Er wanderte durch das halbe Land. Hätte ich wenigstens das Geld, mir einen Esel zu leisten, sann er, dann könnte ich reiten. Aber warum habe ich meines Bruders Vertrauen mißbraucht? Es geschieht mir schon recht, wenn ich beschwerlich zu Fuß gehen muß.

Noch hatte er zwei Goldstücke bei sich, doch er lebte von den Gaben der Natur, den Früchten des Waldes, dem kühlen Wasser der Quellen. Bei dieser Kost magerte er ab, bis ihm die schäbigen alten Sachen schließlich nur so um den Körper schlotterten.

Eines Tages gelangte er in einen Olivenhain. Dort hörte er Geschrei.

»Laß den Teppich los, er gehört dir nicht!«

»Nein, laß du ihn los, er gehört mir!«

Zwei Männer lagen sich in den Haaren. Der eine hatte einen schwarzen Bart und war dünn und lang, der zweite rasiert, klein und dick. Sie hielten beide einen Teppich fest. Der Bärtige zog aus Leibeskräften nach der einen, der Dicke nach der anderen Seite, aber keinem gelang es, ihn an sich zu reißen.

Der Jüngling trat näher. »Es ist ein ungewöhnlich schönes Stück, das geb ich zu«, bemerkte er, »und dennoch – seid friedlich, einigt euch im guten. Darf ich erfahren, warum ihr um diesen Teppich streitet?«

»Ein Derwisch hat uns geraten, ihn zu suchen, und jetzt haben wir ihn hinter einem alten Olivenbaum gefunden«, antwortete der Dicke. »Ich habe ihn zuerst gesehen. Darum gehört er mir.«

»Nein, er gehört mir«, versetzte der Bärtige, »denn ich habe ihn zuerst berührt.«

»Das wären freilich gewichtige Gründe«, räumte der Jüngling ein. »Allein – weder das eine noch das andere läßt sich beweisen. Genausogut könnte ich behaupten, ihn hinter die Olive gelegt zu haben und jetzt zu kommen, um ihn mir zu holen. Das ganze Streiten, Freunde, nutzt euch nichts. Ich schlage vor, daß wir alle drei zusammenlegen, damit ihr einen zweiten Teppich kaufen könnt. Seht her, ich steure dazu bei.«

Der Jüngling zog sein letztes Geld hervor. Die beiden Streitenden blickten sich an und schüttelten den Kopf. Es sei ein wohlgemeinter Rat, tauge jedoch nichts, sagten sie; denn es handle sich um einen Teppich ganz besonderer Art. Mit dem könne man durch die Lüfte fliegen, und sie hätten die Absicht, schnell wie der Wind zum Palast des Padischahs zu gelangen, um sich eine Belohnung zu verdienen, ehe ihnen ein anderer zuvorkäme.

»Wenn es so ist, setzt euch gemeinsam darauf«, empfahl ihnen der Jüngling, »fliegt zum Herrscher und teilt euch die Belohnung!«

Wieder schüttelten sie den Kopf. Es sei ein unteilbarer Preis, versicherten sie, nämlich die Tochter des Padischahs. Wer einen bösen Zauber von ihr nehme, solle ihr Gemahl werden, und heiraten könne sie natürlich nur einer.

Da begriff der Jüngling, daß er den Streit durch eine List schlichten mußte. »Was geschähe, wenn ich den Teppich deinem Widersacher zusprechen würde?« fragte er den Bärtigen.

»Es wäre sein Tod. Ich würde ihm folgen, um mich zu rächen, weil es mein Teppich ist und nicht seiner.«

»Und wenn ich ihn dem Mann mit dem Bart zuerkenne?« fragte der Jüngling den Dicken.

»Er hätte wenig Freude daran, denn es würde sein baldiges Ende bedeuten. Der Teppich gehört nicht ihm, sondern mir.«

»Begreift ihr nicht, wie töricht ihr seid?« fragte der Jüngling den Bärtigen und den Dicken zugleich. »Der Sieger fällt der Rache des Verlierers zum Opfer, und der Mörder wird für seine Tat geköpft. Gleichgültig, wer den Teppich erringt, ihr seid beide des Todes. Ist

es nicht besser, ihr einigt euch gütlich, haltet Freundschaft in Eintracht und Frieden, statt daß ihr euch gegenseitig ins Grab befördert? Überlaßt den Teppich mir! Ich gebe jedem von euch ein Goldstück dafür, ihr bleibt beide am Leben und seid eure Sorgen los.«

Der Dicke und der Bärtige sahen sich lange an, aber schließlich nahmen sie das Geld. Sie umarmten sich und dankten ihrem Lebensretter für den weisen Rat.

Wenn ich Glück habe, fällt die Belohnung mir zu, dachte der Jüngling, setzte sich auf den Teppich und flog davon. Als er in der Ferne hohe Minarette und die Kuppeln eines Palastes in der Sonne glänzen sah, wußte er, daß er bald am Ziel seiner Reise angelangt war. Doch vor der Residenzstadt erstreckte sich ein kleiner Wald, und auch dort stritten zwei Männer. Der Jüngling landete auf der Lichtung, wo sich die beiden in Zwietracht gegenüberstanden. Sie zerrten an einer Kappe, und jeder bemühte sich, sie dem anderen zu entreißen.

»Heil über euch«, grüßte der Jüngling. »Darf man erfahren, warum ihr nicht freundlicher zueinander seid?«

»Über dich Heil«, erwiderten die Männer, vergaßen für einen Augenblick ihren Zwist, ließen die Kappe jedoch nicht los.

»Der schwarze Diener ist hinter uns her.«

»Ja, er verfolgt uns, weil wir die Tochter des Padischahs vom Zauber des Riesen befreien wollten. Dafür will uns der Schwarze töten.«

»Und warum macht ihr euch nicht aus dem Staub, statt um eine Kappe zu raufen?«

»Weil es keine gewöhnliche Kappe ist, sondern eine Tarnkappe. Wer sie aufsetzt, wird unsichtbar; aber einer kann sie nur tragen. Den andern wird der Schwarze sehen und erschlagen.«

»Wenn ihr fortfahrt zu streiten, nutzt die Kappe weder dem einen noch dem anderen«, gab der Jüngling zu bedenken. »Ganz gewiß erwischt er euch Streithähne hier, und dann ist es gleich um beide geschehen. Gebt die Tarnkappe lieber mir, nehmt meinen fliegenden Teppich dafür. Der bringt euch in Sicherheit. So seid ihr gemeinsam gerettet, und mir helft ihr außerdem.«

Die Männer überlegten noch, da erblickten sie den Schwarzen. Er kam die Lichtung entlang, schwang einen krummen Säbel und rannte so schnell, daß seine Pluderhosen flatterten und seine Schnabelschuhe einander rascher überholten als die flinkesten Pferdehufe der Welt.

Im Nu wurden der Jüngling und die Männer handelseinig. Der Teppich stieg mit ihnen empor und entfernte sich. Die Blicke des Schwarzen folgten ihm. Immer drohender schwang er den Säbel, immer schneller lief er und schäumte vor Wut, seine Augen sprühten, doch der Abstand zum Teppich vergrößerte sich mehr und mehr.

Der Jüngling setzte seinen Weg in die Residenzstadt zu Fuß fort. Da er die Tarnkappe trug, sah er alles, ohne selbst gesehen zu werden.

Auf den Plätzen und in den Straßen wurde durch Ausrufer kundgetan, der Padischah setze nach wie vor eine hohe Belohnung für denjenigen aus, der einen bösen Zauber von der Prinzessin nehme. Wer den Bann breche, der solle seine Tochter heiraten.

Von überallher strömten die Menschen zusammen, um die Bekanntmachung zu hören, und in der Menge erblickte der Jüngling seinen Bruder, der wohl ebenfalls versuchen wollte, die Prinzessin zu befreien.

Jetzt kann ich beweisen, daß ich es aufrichtig meine, wenn ich gelobt habe, meine Schuld gutzumachen, dachte der Jüngling, nahm die Tarnkappe ab, betrat den Palast, bot seine Dienste an und legte sich vor dem Zimmer der Prinzessin auf ein Sofa. Er tat die Augen zu, und alle, die ihn sahen, glaubten, er schlafe.

Bald vernahm er federleichte Schritte. Das kann nur die Prinzessin sein, überlegte er, blinzelte vorsichtig und sah die Tochter des Padischahs. Sie war so schön, daß er fast zu atmen vergaß. Ihr Haar reichte bis zur Mitte ihres prächtigen Gewandes, zarte Röte bedeckte ihre Wangen, schneeweiße Zähne blitzten hinter leuchtend roten Lippen. Wie von unsichtbaren Schwingen getragen, schwebte sie vorüber und streifte ihn dabei mit einem flüchtigen Blick.

Rasch setzte er die Tarnkappe auf und folgte ihr in ein Gemach, das vom Duft zahlloser Blüten erfüllt war. Er versuchte, sich geräuschlos zu bewegen, aber sie schaute sich um, als ob sie etwas Verdächtiges gehört hätte. Argwöhnisch spähte sie hinter jeden Vorhang und in jeden Winkel. Dann erst, als sie überzeugt zu sein schien, daß niemand zusah, hob sie einen kostbaren Wandteppich an, unter dem sie verschwand.

Der Jüngling tat es ihr gleich und gelangte durch eine Geheimtür in einen Park, wo der Schwarze mit einem Tablett wartete. Die Prinzessin setzte sich darauf, der Jüngling kauerte hinter ihr, und des Riesen Diener, der das Tablett auf den Kopf hob, dachte erstaunt, daß seine Last an diesem Abend so schwer sei, als ob er drei Prinzessinnen zu tragen hätte.

Der Park ging in Wald über, und durch den Wald führte ein unscheinbarer Pfad zu einem zauberhaften Garten. Strahlender Glanz blendete hier die Augen, denn die Sträucher und Bäume dieses Gartens, der zum Riesenpalast gehörte, bestanden alle aus purem Gold.

Der Riese erwartete die Tochter des Padischahs in einem hellen Gemach. Vom wolkenlosen Himmel fiel das Licht der scheidenden Sonne durch die bunten Fenster, warf rote, gelbe, grüne, blaue Ornamente auf den Fußboden und ließ die Wasserstrahlen einer Fontäne farbig schillern.

Der Schwarze nahm das Tablett vom Kopf. Mit einer freundlichen Geste deutete der Riese auf die Polster unterhalb des Fensters. Die Prinzessin setzte sich in eine Ecke, und schon eilte der Schwarze hinaus, um Speisen und Getränke zu holen, während der Riese in den Nebenraum ging. Dort legte er seinen Säbel ab, bückte sich dabei, und der Jüngling, der ihm unsichtbar gefolgt war, riß die Waffe aus der Scheide.

Das Pfeifen eines Sturmwinds, lautes Donnergrollen erschütterten den Palast, als der Säbel herabsauste und der Kopf des Riesen über den Boden rollte.

Der Jüngling steckte einige Edelsteine ein, durchquerte das Zimmer, in dem die Prinzessin gesessen hatte, brach im Garten goldene Zweige ab, und er tat gut daran, sie mitzunehmen, denn im Palast des Padischahs wollte ihm niemand glauben, was er erlebt hatte.

Erst als er die Edelsteine und Zweige vorlegte, schickte der Padischah seine besten Späher aus. Sie fanden den Garten, das Gold, die Diamanten und den enthaupteten Riesen in seinem Palast. Nur von dem Schwarzen fehlte jede Spur. Er hatte die Prinzessin nach Hause getragen, dann das Land verlassen, um sich in der Fremde einen neuen Herrn zu suchen.

Der Padischah ließ verkünden, seine Tochter sei endlich von dem bösen Zauber befreit worden. Bald schon solle der tapfere junge Mann, der den Bann gebrochen habe, die Prinzessin heiraten.

Doch wieder bemerkte der Jüngling seinen Bruder in der Menge, und weil er unrecht an ihm gehandelt hatte und seine früheren Ta-

ten aufrichtig bereute, bat er den Padischah, die Prinzessin dem älteren zur Frau zu geben. Auch damit war der Herrscher einverstanden.

Vierzig Tage und Nächte wurde Hochzeit gefeiert.

Der jüngere eröffnete einen Laden, der größer und schöner als der des älteren war. Fortan waren die beiden ein Herz und eine Seele, wie es sich für gute Brüder geziemt.

Der Löwenanteil

Der Fuchs kehrte mit knurrendem Magen in seinen Bau zurück. Er hatte einen Hasen beschlichen, aber der war entwichen. Es gibt keine Gerechtigkeit auf der Welt, dachte der Fuchs traurig, entweder das Jagdglück bleibt mir versagt, oder die Abgabe des Löwenanteils läßt mich nicht satt werden.

Im Reich der Tiere bestand nämlich ein Gesetz, wonach jede Beute dem König vorzulegen war, und der Löwe entschied, was er selbst beanspruchte. Der kleine Rest, der dem Überbringer blieb, war zum Leben zuwenig, zum Sterben zuviel, und manchmal verzehrte der Löwe sogar die gesamte Beute vor den Augen des Jägers, dem der Speichel wie schmelzender Schnee über die Lefzen lief.

So geht das auf die Dauer nicht weiter, dachte der Fuchs, als er hungrig in seinen Bau kroch. Wenn ich keinen Ausweg finde, werfe ich mich dem Löwen am besten selbst zum Fraß vor.

Bald war er wieder auf den Beinen, jagte Mäusen und Hasen nach, aber sie entwischten ihm alle, und er hatte das Nachsehen.

Sein Streifzug quer durch den Wald führte ihn an einen Bach, dessen Wasser kristallklar war. Er sah die Kieselsteine auf dem Grund, darüber die silbernen Fische. Wäre ich ein Vogel, dachte er, hätte ich einen langen Schnabel, könnte ich die Fische fangen.

Da er eine Schnauze hatte und ein schlechter Fischer war, trottete er mißmutig weiter. In einer finsteren Schlucht begegnete er dem Wolf. Dem klagte er sein Leid.

»Ach«, entgegnete der Wolf, »Freund Fuchs, Freund Fuchs, davon weiß ich ein Lied zu singen. Entweder werde ich bei der Jagd vom Pech verfolgt, oder der Löwe macht mir einen Strich durch die Rechnung. Wir sollten ernsthaft überlegen, wie wir uns das Leben erleichtern können.«

Der Fuchs senkte den Kopf mit der spitzen Nase, dachte lange nach und meinte schließlich: »Ich schlage vor, daß wir künftig gemeinsam jagen. Zu zweit sind wir stärker. Wir haben größere Erfolge. Zusammen werden wir so reichlich Beute machen, daß es für den Löwen und uns beide reicht.«

Von dem Einfall des Fuchses war der Wolf hellauf begeistert. »Ich muß schon sagen, das ist eine fabelhafte Idee, gemeinsam zu jagen!« rief er entzückt aus. »Keiner kriecht mehr hungrig auf sein Lager. Wir haben satt zu fressen, kommen richtig zu Kräften, und wenn wir so erfolgreich sind, werden wir auch bei der Beuteverteilung ein gewichtiges Wörtchen mitzureden haben.«

Da sie sich nun einig waren, durchstreiften sie zusammen die Laub- und Nadelwälder, die Steppen und Felder. Seite an Seite ging es in die Weite, bergauf, bergab, im Lauf und im Trab durch Mulde und Tal. Mit einemmal sichtete der Fuchs einen Hasen, heftete sich ihm an die Fersen, aber beim atemlosen Rasen schlug Langohr einen Haken und wäre entkommen, hätte der Wolf ihn nicht geschlagen und zwischen die Zähne genommen.

So war es um den Hasen geschehen, und Fuchs und Wolf schauten sich nach mehr Beute um.

Bald gelangten sie an einen Zaun, hinter dem viele Schafe grasten und ängstlich blökten, weil sie die Ankömmlinge witterten. Den hochbeinigen Wolf hätte der Zaun aufgehalten, aber der Fuchs fand ein passendes Schlupfloch, zwängte sich hindurch, riß ein Lamm und schleppte es hinaus.

Dem Wolf, der vor dem Zaun wartete, lief bei dem Anblick das Wasser in der Schnauze zusammen. »Freund Fuchs, Freund Fuchs, soviel Beute wie heute habe ich lange nicht gesehen. Das Jagdglück ist uns hold, weil wir zusammenstehen, weil wir ein Herz und eine Seele geworden sind. Auf, auf, Freund Fuchs, zu neuen Taten!«

Sie nahmen das Lamm und trollten sich, rannten durch Mulde und Tal, durch Steppe und Felder, erreichten die Wälder.

Sie schwitzten aus allen Poren, das Wasser triefte ihnen vom Körper, aber als ein Hirsch vor ihnen durch das Unterholz brach, ließen sie Hase und Lämmchen fallen, nahmen die Verfolgung auf, spornten sich gegenseitig zu größerer Eile an, gaben ihre letzten Kräfte, hetzten den Hirsch und brachten ihn zur Strecke.

Nachdem sie ihn erlegt hatten, ruhten sie sich im Grase aus, dann holten sie den Hasen und das Lamm und schleppten den ganzen Raub fort.

Wieder mußten sie sich schinden, beide japsten unter ihrer Last. Mehrmals legten sie eine Pause ein und sprachen einander Trost zu.

»Heute bringen wir eine Beute, von der wir beide satt werden, nachdem der Löwenanteil entrichtet ist«, sprach der Fuchs, und der Wolf knurrte zufrieden. »Wie gesagt, bei der Aufteilung werden wir ein Wörtchen mitzureden haben.«

Das Sonnenlicht fiel schräg durch den Wald und färbte ihn lichtgrün, als sie am Ziel anlangten.

Der Löwe sah, wie sie sich plackten. »Das nenne ich tüchtig«, brüllte er entzückt und befahl dem Wolf, die Beute gleich selbst aufzuteilen.

Wußt ich's doch, dachte der Wolf geschmeichelt und erwiderte selbstbewußt wie nie zuvor: »Majestät, der Hirsch gebührt Euch, weil Ihr unser König seid; der Hase sei des Fuchses, und das Lamm überlasset gnädigst mir, damit ein jeder nach Rang und Leistung auf seine Kosten kommt.«

»Du unverschämter Lümmel!« brüllte der Löwe. »Wie kannst du es wagen, gegen das Gesetz zu verstoßen und eigenmächtig an dich reißen zu wollen, was rechtlich nur mir zusteht?«

Die Dreistigkeit des Wolfes erzürnte den Löwen derart, daß er sich auf ihn stürzte und ihm einen tödlichen Prankenhieb versetzte. Der Wolf überschlug sich mehrmals in der Luft, landete auf dem Rücken und streckte alle viere von sich.

Danach hieß der Löwe den Fuchs, die Aufteilung zu besorgen.

»Majestät, Euer Vertrauen ehrt mich«, sprach der Fuchs. »Weil es schon spät am Tage ist, schlage ich vor, daß Ihr Euch zum Abendessen mit dem Lamm begnügt, den Hasen zum Frühstück verspeist und Euch den Hirsch für das Mittagsmahl aufhebt.«

Der Löwe nickte beifällig, sein Kopf mit der mächtigen Mähne senkte und hob sich, und er war des Lobes voll. »Brav gesprochen, Fuchs. Aber sag, wer hat dich gelehrt, eine Beute so gerecht zu verteilen?«

»Ein Freund, Majestät, ein guter Freund ist mein Lehrmeister gewesen.« Der Fuchs warf einen scheuen Seitenblick auf den Wolf, der reglos am Boden lag. »Leider lebt er nicht mehr. Sein Sinn für Gerechtigkeit war stark, seine Sehkraft jedoch schwach. Diese Schwäche wurde ihm zum Verhängnis. Er ist daran kürzlich gestorben.«

Der Zauberspiegel

Früher einmal, vor langer Zeit,
hat ein Floh ein Fliegenfräulein gefreit.
Bald kamen Fliegenflohkinder zehn Paar,
weil Mutter Fliege Frau Floh nun war.
Laut bellte ein Hering, der am Strand stand.
Er übte Bauchtanz und auch Handstand.
Herr Floh ging als Pferdehändler unter die Leut.
Da weinte die Fliege hocherfreut.
Eidechsen flattern in die Hecke,
ein Hammel schnattert an der Ecke.
Herr Ganter küßt und frißt die Zecke.
Es applaudierten Schneck und Schecke
dem Schwein, das dort zu höhrem Zwecke
im Wein sich wälzte statt im Drecke.
Der Esel, der als Schneider ging,
im Fluge Knoblauchzehen fing,
hat einer Schildkrötin gezeigt,
wie tief das Minarett sich neigt
der durstgequälten Hofmoschee,
zu trinken aus dem großen See.

An einem Tag, vor manchem Jahr, als Adebar im Bade war,
als die Kamele noch Wesire hießen
und die Schildkröten Flügel hatten,
als das Mehl noch ins Stroh gesiebt wurde,
da war sogar, was gar nicht war.

Es war einmal ein Padischah, der gerne sah, was fern und nah von ihm geschah.

Nun fand es dieser neugierige Herr, der dritte Padischah aus einem alten Geschlecht, gar nicht sehr schwer, seine Wißbegier zu befriedigen. Er besaß nämlich einen Zauberspiegel. In den schaute er jeden Morgen hinein, und schon wußte er, was auf der Welt vor sich ging, in seinem Reich, aber auch in China, Ägypten und anderen Ländern.

Eines Tages stockte dem Padischah fast das Herz. Der Platz, auf dem der Spiegel gestanden hatte, war leer. Der Herrscher lief durch sämtliche Räume, guckte unter alle Tische und Bänke, in jeden Kasten, in jede Ecke, er suchte und fluchte, den ganzen Palast durchstöberte er. Allein der Spiegel blieb verschwunden. Jemand mußte ihn gestohlen haben.

Als der Padischah mit seinen Söhnen beim Frühstück saß, merkten die drei jungen Männer, daß ihr Vater bedrückt war. »Vater, was quält dich?« fragten sie, und nachdem er ihnen sein Leid geklagt hatte, versprachen sie: »Wir schaffen dir deinen Spiegel wieder herbei.«

Am selben Tage noch satteln sie die Pferde und reiten in die Ferne, um Ausschau zu halten. Gegen Abend halten sie an, denn der Weg gabelt sich und führt in drei Richtungen weiter. Sie steigen ab und lesen die Aufschrift der Wegweiser. Die erste lautet »Stall«, die zweite »Badehaus«, die dritte »Nimmerwiederkehr«.

Sie überlegen und beraten, für welche Abzweigung sie sich entscheiden sollen.

»Gleich für die erste«, meint der älteste Bruder. »Selbstverständlich hat der Dieb den Weg zum Stall gewählt, denn er hat ein Pferd oder wenigstens einen Esel geritten. Wäre er zu Fuß gegangen, hätten wir ihn eingeholt. Also braucht er einen Stall.«

Der mittlere Bruder spricht sich für das Badehaus aus. »Bedenkt, der Räuber ist auf die hohe Kiefer geklettert, von dort in den Palast eingedrungen und auf umgekehrtem Wege zu seinem Reittier zurückgekehrt. Natürlich hat er sich die Hände mit Harz beschmiert. Da wird er sich wohl säubern wollen und verlangt nach einem heißen Bad.«

Der jüngste Bruder deutet kopfschüttelnd auf den dritten Wegweiser. »Was heißt das, Nimmerwiederkehr? Es ist weder der Name einer Stadt noch eines Dorfes, noch eines Gebäudes. Ich könnte wetten, der Dieb hat dieses Wort dort hingeschrieben, um seine Verfolger zu täuschen oder abzuschrecken.«

»Und wenn du dich irrst?« fragten die beiden anderen besorgt. »Wenn es von dort nachher tatsächlich keine Rückkehr gibt? Dann wird unser Vater den Spiegel niemals wiedersehen und seine drei wackeren Söhne auch nicht.«

Da ist guter Rat teuer. Sie können und können sich nicht einigen, rechten, streiten, aber einig werden sie sich nicht. Deshalb trennen sie sich.

Der älteste Bruder reitet in Richtung Stall weiter, der mittlere nimmt Kurs auf das Badehaus, der jüngste versucht es mit »Nimmerwiederkehr«.

Er hat schon eine weite Strecke zurückgelegt, als sich vor ihm ein Berg erhebt. Unverzagt treibt er sein Pferd zur Eile an, und plötzlich erblickt er eine Riesin, die in einer gewaltigen Schüssel Nüsse, Zucker, Honig, Kakao und Pflanzenöl zu Brei verrührt, denn sie ist dabei, Halwa zu bereiten.

Das fängt ja gut an, denkt der Prinz, der so seine Bedenken hat. Doch zur Umkehr ist es zu spät, denn auch das Riesenweib hat ihn erspäht. So sagt er sich: Bist du einmal hier, darfst du nicht verlegen und schon gar nicht verzagt sein, sondern mußt dir ganz geschwind etwas einfallen lassen. Rasch küßt er der Zuckerbäckerin die Hände und ruft: »Gott zum Gruß, Mütterchen, Gott zum Gruß, ich bin gekommen, um dir einen guten Tag zu wünschen.«

»Sei gegrüßt, Söhnchen«, entgegnet die Riesenmutter, denn um diese handelt es sich, »freu dich, daß dir die rechten Worte eingefallen sind. Hättest du nicht Mütterchen zu mir gesagt, würdest du jetzt zerfleischt am Boden liegen.«

»Und hättest du mich nicht Söhnchen genannt, wärst du mit meinem Säbel bekannt geworden«, versetzt der Jüngling unbefangen.

Da lacht die Riesin erheitert auf. »Oho! Du nimmst den Mund reichlich voll, mein wagemutiges Söhnchen Springinsfeld, das ich mit einer Hand zerquetschen könnte. Bist du wirklich nur gekommen, um mir deinen Gruß zu entbieten, oder brauchst du vielleicht auch meinen Rat?«

»Ich brauche auch deinen Rat, Mütterchen. Der Padischah dieses Landes ist mein Vater, und ich suche seinen Spiegel, in dem man sieht, was auf der Welt geschieht.«

»Ja, wenn du den suchst, bist du auf dem richtigen Wege. Über den Gipfel, den Hang hinab, durchs grüne Tal zum Weinberg. Dort schlafen meine Söhne. Sie haben den Spiegel gestohlen.«

Der Jüngling bedankt sich und schickt sich an, weiterzureiten, doch die Riesenmutter gemahnt ihn, vorsichtig zu sein. »Die Weinstöcke hängen voller Diamantentrauben. Die darfst du nicht anrühren. Meine kleinen Riesen liegen zwar in tiefem Schlaf, aber ihre Augen sind offen, und wenn sie einen Diamantendieb sehen, werden sie sofort wach.«

Der junge Mann verspricht, sich zu keinem unbedachten Schritt verleiten zu lassen, und setzt den Weg fort. Er reitet und reitet. Er reitet über den Gipfel durch das grüne Tal zum Weinberg, sieht die Riesen mit offenen Glutaugen schlafen, findet den Spiegel, nimmt ihn an sich, will schon erleichtert den Heimritt antreten, da fällt sein Blick auf die Unmenge lichtsprühender Diamantentrauben, die in allen Farben funkeln. Als er die blitzende, bunt schillernde Pracht sieht, ist er geblendet und sein guter Vorsatz vergessen.

Es sind Tausende und aber Tausende, denkt er. Wenn ich mir eine Traube pflücke, fällt es überhaupt nicht auf. Doch kaum hat er die Hand ausgestreckt, eine Rebe geknickt, fahren die Riesen aus dem Schlaf und umringen ihn.

»Was treibst du in unserem Garten? Was führt dich her? Meinst du, wenn wir schlafen, könntest du ungestört rauben, ohne daß wir dich bestrafen?«

»Ich wollte euch nicht bestehlen. Ich bin gekommen, um zurückzuholen, was euch nicht gehört, den Zauberspiegel meines Vaters, den ich hier in der Hand halte.«

»Ach, und die Diamantentraube, die du dir gepflückt hast?«

»Es war der Glanz. Der blendete mich. Aber es wird nie wieder geschehen. Das schwöre ich.«

Der Jüngling bettelt und bittet so lange, daß die Riesen schließlich die Köpfe zusammenstecken und übereinkommen, ihn laufenzulassen, wenn er aus Üzengis Palast einen Säbel entwendet. »Bringst du uns den Säbel des schwarzen Riesen, kannst du nach Hause reiten. Bis zu diesem Augenblick bleibst du unser Gefangener, und den Spiegel behalten wir als Pfand hier.«

Ehe der Prinz zum Palast des schwarzen Üzengi reitet, sucht er die Riesenmutter auf und bittet sie um ihren Rat.

»Habe ich dir nicht eingeschärft, standhaft zu sein, dich nicht hinreißen zu lassen, dich nicht an fremdem Eigentum zu vergreifen?« fragt sie vorwurfsvoll, aber dann verrät sie ihm doch, wie er den Säbel bekommen kann. »Eine gute Stunde der Sonne entgegen, und du bist am Palast. Zwei Türen wirst du sehen, eine offene, eine geschlossene. Schließe die geöffnete, die geschlossene öffne! Hast du das getan, wirst du vor Löwe, Hund, Fleisch und Heu stehen. Tausche Fleisch und Heu gegeneinander aus! Wenn du es geschickt anstellst, ist der Weg in den Palast frei. Der Säbel, den der schwarze Riese meinen Söhnen gestohlen hat, hängt an einer Wand seines Schlafgemachs. Nimm die Waffe, aber zieh sie nicht aus der Scheide! Hörst du, zieh sie nicht heraus, denn sonst ist alle Mühe umsonst gewesen!«

Der Prinz macht sich auf den Weg, reitet eine gute Stunde lang, dann erreicht er sein Ziel, den Palast, und springt vom Pferd. Er schließt die offene Tür, die geschlossene öffnet er, und schon erblickt er den Löwen und den Hund. Der wohlgenährte Löwe liegt träge vor einem Batzen Fleisch, der klapperdürre Hund schnüffelt an einem Haufen Heu.

Was nun, wie tausche ich Fleisch und Heu am besten aus? denkt der Prinz. Rühre ich das Fleisch an, fällt der Löwe über mich her. Nehme ich dem armen Hund auch noch das Heu weg, beißt er mich in die Hand; aber lieber will ich von einem Hund gebissen als von den Pranken eines Löwen zerfleischt werden.

Also geht der Prinz zu dem Hund, redet freundlich auf ihn ein, krault seinen Kopf, tätschelt ihm die Flanken und spricht: »Heu ist nichts für dich, mein Guter. Was du brauchst, ist Kraftfutter, und das sollst du haben, aber um Fleisch zu holen, muß ich dir dein Heu nehmen.«

Gewiß versteht der Hund die Worte nicht, doch er läßt es geschehen, daß der Prinz das Heu nach nebenan trägt. Der satte Löwe rollt sich auf das weiche Lager und schließt zufrieden die Augen. So kommt der Hund zu seinem Fleisch.

Während der Löwe schläft und der Hund frißt, gelangt der Prinz in den Palast, findet das Schlafgemach, nimmt den Säbel von der Wand und verläßt die Residenz des schwarzen Üzengi so wohlbehalten, wie er sie betreten hat.

Er schwingt sich aufs Pferd, reitet davon und befolgt genau den Rat der Riesenmutter. Den halben Weg hat er zurückgelegt, da regt sich die Neugier. Sie plagt, sie quält, und schließlich übermannt sie ihn. Er zieht den Säbel, möchte ihn gleich wieder in die Scheide stoßen, aber Üzengi ist ihm auf den Fersen.

»Heda, du Schuft! Dir will ich helfen, dich in fremde Paläste zu stehlen, mir den Säbel zu rauben.«

»Üzengi, Üzengi, ich habe den Säbel nicht für mich genommen«, entgegnet der Prinz und erzählt von den Weinbergriesen, auch von seinem Vater, der so nach dem Zauberspiegel schmachtet, daß er vor Sehnsucht schon krank ist.

Der schwarze Riese tötet den Dieb nicht, nimmt ihn jedoch mit in seinen Palast. »Nun sprich: Was weißt du, was kannst du, welche Zaubertricks hast du gelernt?«

»Einiges weiß ich, manches kann ich, aber Zaubertricks sind mir unbekannt«, antwortet der Jüngling auf Üzengis Frage, denn das hat ihm die Riesenmutter mit auf den Weg gegeben: Falls du ihm in die Hände fällst und er sich nach deinem Bildungsstand erkundigt, antworte ihm ausweichend.

»Nein, Tricks und Kniffe kenne ich keine«, beteuert der junge Mann. »Überhaupt kann und weiß ich weder weniger noch mehr als die meisten Männer meines Alters.«

»Das wäre allerdings nicht viel«, erschallt es geringschätzig aus dem Riesenmund. »Dann will ich dir wenigstens beibringen, die

Sprachen des Federviehs zu verstehen und dich in einen Vogel zu verwandeln. Mit dem Unterricht fangen wir gleich heute an.«

Tag für Tag unterweist Üzengi seinen Schüler in seiner Kunst und Kunde, doch alle Mühe scheint umsonst zu sein. Der Schüler stellt sich ungelehrig an. Sämtliche Vogelsprachen wirft er durcheinander, und es wächst und wächst ihm kein Gefieder. Nach vierzig Tagen gibt Üzengi seine letzte Hoffnung auf und spricht: »Ich hatte vor, einen großen Meister aus dir zu machen. Das ist mir leider nicht geglückt. Reite nun so, wie du bist, zum Padischah der Feen! Bring mir seine Tochter! Kehrst du mit dem Mädchen zurück, bist du augenblicklich frei und kannst tun und lassen, was dir beliebt.«

Der Prinz reitet zur Riesenmutter und erfährt: »Feenpadischahs Tochter lebt in einer Stadt, die kein Mann betreten darf, weil die Zauberkraft verlorengeht, sobald sich die Prinzessin verliebt. Aber wozu ist Üzengi vierzig Tage lang dein Lehrmeister gewesen? Hast du nichts, rein gar nichts bei dem Zauberer gelernt?«

»O doch. Einiges schon. Ich habe es nur vor ihm geheimgehalten. In den Sprachen der Vögel kenne ich mich leidlich aus. Ich kann machen, daß mir Krallen, Schnabel und Federn wachsen, und mich in einen Menschen zurückverwandeln.«

»Nun, dann ist alles halb so schlimm, ein Kinderspiel«, tröstet ihn die Riesenmutter. »Im Palastgarten befindet sich ein Vogelkäfig. Laß dir ein Federkleid wachsen, setz dich hinein, und Feenpadischahs Tochter ist dein!«

Der Prinz macht, daß er zum Vogel wird, fliegt in die Stadt, die nie zuvor ein Mann betreten hat, setzt sich in den Käfig und singt ein Liebeslied.

So erfährt die Fee, daß er ein Mann ist. »He, Adams Sohn, wie kommst du hier herein?« fragt sie verwundert.

»Durch der Liebe Macht. Ja, die Kraft der Liebe war es, die mir die Pforten geöffnet hat.«

Das klingt wie schönste Musik in den Ohren der Fee. Der Prinz verwandelt sich in sich selbst zurück, und vor Freude fällt sie ihm gleich um den Hals. Von diesem Augenblick an ist der Bann gebrochen. Feenpadischahs Tochter hört auf, eine Fee zu sein, und Prinz und Prinzessin – ein Herz und eine Seele, ein glückliches Paar – fliehen gemeinsam aus der verwunschenen Stadt.

Sie reiten und reiten, und die Befreite fühlt sich geborgen an der Seite des Prinzen, bis vor ihnen der Palast des schwarzen Üzengi auftaucht. Da verliert das Mädchen plötzlich alle Ruhe und fragt ungeduldig und bang:

»Wohin bringst du mich? Sprich! Doch nicht zu dem Riesen, der

unter den goldenen Kuppeln dort regiert? Er ist ein Unhold, ein schreckliches schwarzes Ungeheuer.«

»Ich bringe dich zu dem, zu dem ich dich bringen muß«, entgegnet der Jüngling schweren Herzens, »so gern ich selbst um deine Hand anhalten würde.«

»Als Üzengis Brautwerber hast du dich in die Stadt eingeschlichen?« fragt die Prinzessin bestürzt und möchte am liebsten ihren Ohren nicht trauen. Sie schluchzt und weint zum Steinerweichen und fleht unter Tränen: »Nimm mich mit, nimm mich mit, mache mich zu deiner Frau.«

Ich wüßte nicht, was ich lieber täte, denkt der Jüngling betrübt, aber leider kann es nicht sein. Üzengi würde uns verfolgen, sich grausam rächen, und geholfen wäre weder dir noch mir; aber ich möchte auch nicht, daß du den Schurken heiratest und unglücklich bist.

Der Jüngling schwankt noch zwischen seinen Wünschen und der Furcht vor Üzengis Vergeltung, als vom Palast her die mächtige Stimme des schwarzen Riesen erschallt: »Keinen Schritt näher, wenn dir dein Leben lieb ist! Wage nicht, hier einzutreten! Wenig gewußt, kaum etwas gekonnt und bei mir nichts dazugelernt. Aber des Feenpadischahs Tochter holt er aus der Stadt. Er hat geschafft, was mir versagt blieb. Wer weiß, wozu er noch imstande ist. Keinen

Schritt näher, oder du bist ein toter Mann! Behalte das Mädchen und bring das da den Weinbergriesen!«

In seinem Zorn schleudert Üzengi den Säbel herab. Der Prinz fängt sie Waffe auf, gurtet sie und sprengt mit dem Mädchen davon, ehe es sich der schwarze Riese anders überlegen kann.

Sie reiten, bis sie zwischen grünem Laub die Diamanten funkeln sehen.

Die Weinbergriesen erkennen die Ankömmlinge schon von weitem. »Du hast des Feenpadischahs Tochter bei dir«, rufen sie dem Jüngling zu. »Üzengis Säbel hängt an deiner Seite. Dir ist gelungen, was dem schwarzen Riesen und uns nie gelang. Wer weiß, wozu du noch imstande bist. Behalte das Mädchen und den Säbel, nimm den Spiegel deines Vaters noch dazu, auch die Diamantentraube, die du gepflückt hast. Dann mach dich aus dem Staube, so schnell dich die Hufe deines Pferdes tragen!«

Der Jüngling tut, wie ihm geheißen, und tritt mit dem Mädchen, dem Säbel, dem Zauberspiegel, den Diamanten seinen Heimritt an. Bei den Wegweisern zügelt er das Roß, schwingt sich herab, geht zu dem Felsblock, unter dem er und seine Brüder vor der Trennung ihre Ringe hinterlegt haben, und da sie alle drei noch dort sind, weiß er, daß er als erster eingetroffen ist. Er steckt den seinen an und beschließt zu warten.

Es dauert gar nicht lange, da sind die beiden anderen zur Stelle. Doch wie sehen sie aus! Verschmutzt, geschunden, zerschrammt. So schwach sind sie, so erschöpft, daß sie sich kaum auf den Pferden halten können. Steif wie Tattergreise steigen sie ab, holen sich ihre Ringe aus dem Versteck und sinken ins Gras, wo sie reglos liegen, bis sie ausgeruht und leidlich zu Kräften gekommen sind.

Dann erzählt ein jeder seine Geschichte.

Der Stall ist abgebrannt, das Badehaus eingestürzt. In den Ruinen haben Räuber Quartier bezogen. Als Gefangene der Banden sind die Prinzen schrecklichen Qualen ausgesetzt gewesen, ehe ihnen endlich die Flucht gelungen ist.

Dem jüngsten Prinzen blutet das Herz, wie er seine Brüder so reden hört. Doch auch er berichtet von seinen Abenteuern, und die beiden ältesten platzen fast vor Neid, mißgönnen ihm sein Glück und ersinnen einen Plan, wie sie sich mit seinen Federn schmücken können.

Um ihn in eine Falle zu locken, klagt der älteste Bruder über brennenden Durst. »Mir ist die Kehle so trocken, daß ich schon nicht mehr weiß, ob mir die Zunge am Gaumen klebt oder zum Halse heraushängt.«

Und der mittlere der Brüder stößt in das gleiche Horn: »Bald klebt sie, bald hängt sie, bald klebt sie, bald hängt sie. Es ist so schlimm, daß ich mir nicht mal mehr die Lippen lecken kann.«

Als der jüngste Prinz die Klagen seiner Brüder vernimmt, ruft er mitleidig aus: »Was sitzen wir hier herum, wenn ihr nach Wasser lechzt? Kommt, wir wollen eine Quelle suchen!«

Mit diesem Vorschlag sind beide einverstanden. Zu dritt reiten sie los. Den Spiegel, den Säbel und die Diamanten lassen sie in der Obhut des Mädchens zurück.

Nachdem sie eine längere Strecke hinter sich gebracht haben, stoßen sie auf einen Brunnen, schieben den Deckel beiseite und sehen in der Tiefe das Wasser blinken.

»Steig hinein!« sagt der älteste zum jüngsten Bruder. »Du hast am wenigsten durchgemacht, du bist noch am frischesten von uns allen«, und er läßt ihn an einer Leine hinab.

Im Brunnen füllt der Prinz die Kappen seiner Brüder mit Wasser, reicht sie hinauf, doch kaum haben die heimtückischen Burschen sie ihm abgenommen, legen sie oben den schweren Deckel auf den Schacht. Natürlich versucht sich der Gefangene zu befreien, doch sosehr er sich auch anstrengt, es gelingt ihm nicht, den Deckel anzuheben. Der Brunnen bleibt unter der Last verschlossen und er selbst in der finsteren Tiefe eingesperrt.

Während sich der jüngste der Prinzen unverdrossen bemüht, aus dem Brunnen herauszukommen, kehren seine Brüder zu den Wegweisern zurück. »Der Junge hat etwas verloren, was er wiederfinden möchte«, sagen sie zu dem Mädchen. »Wir wollen nicht auf ihn warten, sondern vorausreiten. Er kommt so bald wie möglich nach.«

Sie bewundern die Diamanten, den Zauberspiegel, den Säbel, der ihre Neugier erregt. Um die Klinge zu prüfen, ziehen sie die Waffe aus der Scheide, und schnell wie der Blitz ist Üzengi da und steht plötzlich vor ihnen.

Als die Brüder den Schwarzen sehen, fährt ihnen so der Schreck in die Glieder, daß sie zitternd stammeln: »Das – das muß – das muß Üzengi ...«

»Gewiß, der bin ich«, brüllt der Riese mit Donnerstimme. »Wie kommt ihr zu meinem Säbel? Redet! Sprecht!«

Beide Fäuste in die Seiten gestemmt, steht er vor ihnen, und sie erzählen ihm alles, was ihr jüngster Bruder berichtet hat. »Er ist nicht hier, weil er sucht, was er verloren hat«, sagen sie zum Schluß. »Sobald es gefunden ist, wird er unserem Vater den Zauberspiegel bringen, die Prinzessin zu seiner Frau machen und ihr die Diamanten schenken.«

Üzengi hebt die Riesenhand, ergreift den Säbel und betrachtet die Männer, die wie Espenlaub zittern. »Wenn die Weinbergriesen den Säbel nicht haben wollen, dann gehört er wieder mir. Eigentlich sollte ich euch alle mitnehmen, Feenpadischahs Tochter heiraten und zwei Prinzen zu meinen Dienern machen, aber euren Bruder will ich mir lieber vom Leibe halten. Wer weiß, wozu der noch fähig ist.«

Nachdem Üzengi so gesprochen hat, verschwindet er geschwind, wie er gekommen ist, und die Brüder machen sich mit dem Mädchen auf den Heimweg.

Als sie zu Hause ankommen, ist der Padischah sehr froh, den Spiegel wiederzuhaben. Gespannt blickt er sogleich hinein, aber auf der ganzen Welt ist von dem dritten Sohn nichts zu sehen. Nur sein Pferd steht hufescharrend vor einem Brunnen. »Vielleicht hat er sich verirrt und trifft morgen oder übermorgen ein«, sagt er sich selbst zum Trost.

Er wartet und wartet, doch sein Wunsch erfüllt sich nicht.

Der jüngste Prinz hockt in dem finsteren Brunnen, magert zum Skelett ab, und aus Kummer und vom vielen Weinen erblindet er schließlich. Auch sein treues Pferd, das vor dem Brunnen wartet, wird blind, weil es nichts zu trinken findet. Immer wieder versucht es die Brunnenöffnung aufzuscharren und ist schon dem Tode nah, als es ihm endlich gelingt, den Deckel fortzuschieben.

Ein lautes Freudengewieher erschallt. Der Jüngling hört es, fühlt mit den Händen die Nüstern und das Maul, die sich in den Brunnen senken, und tränkt das Pferd mit Wasser aus seiner Kappe. Dann hält er sich am Zügel fest und klettert ins Freie.

Nun hat das Gewieher zwei Täubchen angelockt. Sie fliegen herbei, und da der Prinz die Vogelsprachen beherrscht, versteht er sehr wohl, was die eine Taube der anderen zugurrt: »Wenn der Prinz eine unserer Federn hätte, könnte er sich über die Augen streichen und würde wieder sehen können.«

Da tastet der Prinz auf der Erde herum. Er sucht und sucht, bis er zwei Federn gefunden hat. Mit der einen fährt er über die eigenen Augen, mit der anderen über die des Pferdes, und beide gewinnen ihr Augenlicht zurück.

Wie ein Pfeil fliegt nun das Roß zu den Wegweisern hin. So schnell, daß die Hufe kaum den Boden berühren, trägt es den Reiter zum Palast des Padischahs.

Der alte Mann weint fast vor Freude, als der Prinz, den er verloren geglaubt hatte, leibhaftig vor ihm steht. Doch kaum erfährt der Herrscher, was sich zugetragen hat, erteilt er voll Zorn und Abscheu den Befehl, seine beiden mißratenen Söhne aus der Stadt zu jagen.

Da der älteste Prinz die Prinzessin heiraten sollte, ist für die Hochzeit alles vorbereitet. Nur wird der jüngste nun ihr Bräutigam, und darüber freut sich die Braut sehr.

Bei Musik, Speise und Trank feiern sie das Fest vierzig Tage lang.
Seither leben die beiden glücklich, zufrieden und froh,
und allen, die das Märchen hören,
ergeht es ebenso.

Seyreksakal

Also, da lebte einst Seyreksakal, ein Mann mit schütterem Bart, klein von Gestalt, aber ein großer Schlaukopf, nicht einfach klug wie andere auch, sondern mit allen Wassern gewaschen, mit allen Hunden gehetzt, übler Köse voll List und Tücke, der manchem gutgläubigen Menschen böse mitspielte, derart durchtrieben dieser Kerl, daß er sogar den Teufel hinters Licht führte.

Zogen doch eines Tages schwarze Wolken herauf, während Seyreksakal und zufällig auch der Teufel unterwegs waren. Seyreksakal verkroch sich in eine Höhle, wohingegen der Teufel nirgends Unterschlupf fand und bis auf die Haut naß wurde.

Als der Himmel nach einer Weile wieder heiter war, traf er den Schütterbärtigen, der den Höhleneingang inzwischen mit einem Felsblock verdeckt hatte.

»He, Freund Seyreksakal«, sprach der Teufel, »wie kommt es, daß du nicht von Wasser triefst? Das verstehe, wer will. Wir sind beide in einen Wolkenbruch geraten, und ich bin patschnaß, du aber bist so trocken, als ob die ganze Zeit die Sonne geschienen hätte. Wie hast du das gemacht?«

»Ach, es war ganz einfach«, entgegnete der gerissene Köse. »Als es zu regnen anfing, zog ich schnell die Sachen aus, bündelte sie und legte mich darauf. Ich schlief, bis der Wolkenbruch vorbei war. Die Vorderseite wurde naß, doch der Rücken und die Sachen blieben trocken.«

»Eine großartige Idee«, bemerkte der Teufel. »Bravo, ich gratuliere dir. Auf den Gedanken wäre nicht mal ich gekommen. Solche schlauen Einfälle muß man haben. Nun gut, Seyreksakal, eine Freundlichkeit ist der anderen wert. Hast du mir einen Trick verraten, will ich dir ein Geheimnis anvertrauen: Hüte dich vor Daltabans Frau. Sie führt nichts Gutes gegen dich im Schilde.«

»Nichts Gutes gegen mich? Das wäre doch sonderbar. Ich habe der Alten nie etwas zuleide getan.«

»Und trotzdem ist es, wie ich dir sage. Sie meint, du hättest mittlerweile genug Schabernack getrieben und Unglück über deine Mitmenschen gebracht. Es sollte mich nicht wundern, wenn sie dir heimlich nach dem Leben trachtet.«

Seyreksakal bedankte sich für die Warnung. Der Teufel schüttelte ihm die Hand und ließ ihn unbehelligt weiterziehen.

Am nächsten Tag saß Seyreksakal mit Daltaban im Kaffeehaus einer kleinen Provinzstadt, holte ein Rebhuhn aus dem Rucksack und sprach: »Rebhuhn, Rebhuhn, fliege so schnell du kannst zu meiner Frau! Bestelle ihr, sie soll Suppe kochen, Fleisch auf den Spieß stecken, meine Lieblingsspeise Börek in den Ofen schieben und als Nachtisch Hoschaf zubereiten!« Nachdem er dies gesagt hatte, ließ er das Rebhuhn fliegen.

Daltaban sah ihn erstaunt an.

»Das Rebhuhn wird alles ausrichten«, beteuerte Seyreksakal, »und wenn du mir nicht glaubst, kannst du mich gern nach Haus begleiten.«

Gemeinsam machten sie sich auf den Weg.

»Frau, ist das Rebhuhn angekommen?« fragte Seyreksakal, als er mit Daltaban vor ihr stand.

»Freilich, das Rebhuhn ist längst da. Es hat mir alles ausgerichtet. Ich habe Suppe gekocht, Fleisch auf den Spieß gesteckt, dein Leibgericht Börek in den Ofen geschoben, und die Nachspeise Hoschaf kühlt bereits aus.«

Daltaban riß Mund und Augen auf. Wie sollte er auch ahnen, daß die beiden ein abgekartetes Spiel mit ihm trieben? Da er Seyreksakal nicht durchschaute, sagte er: »Verkauf mir dein Rebhuhn!«

»Das geht leider nicht«, erwiderte Seyreksakal, »weil es unverkäuflich ist. Ich habe mich viel zu sehr an das Tier gewöhnt. Hast du nicht selbst gesehen, welche guten Dienste es mir leistet? Wie müßte ich mich ohne mein braves Rebhuhn schinden. Nein, Freund Daltaban, schlag dir die Sache aus dem Kopf.«

Doch so leicht verzichtete der reiche Daltaban Aga auf kein verlockendes Geschäft. Er handelte und feilschte nach allen Regeln der Kunst, und schließlich bot er Seyreksakal tausend Goldstücke an.

Dieser Vorschlag stimmte Seyreksakal nachdenklich. Tausend

Goldstücke, das war eine Summe, mit der sich mancherlei beginnen ließ. So kamen sie überein, Daltaban solle das Rebhuhn zu dem genannten Preis haben.

An seine Frau gewandt, sagte Seyreksakal: »Bestell dem Rebhuhn, auf der Stelle herzukommen.«

Die Frau ging hinaus, kehrte nach kurzer Zeit allein zurück und sprach: »Ich habe es ausgerichtet, aber das Hühnchen sitzt traurig in einer Ecke und mag nicht kommen. Wahrscheinlich ist es enttäuscht, weil du es verkaufen willst, wo es doch geglaubt hat, dir ans Herz gewachsen zu sein. Ja, sicher geht es ihm sehr nahe.«

»Es wird sich schon an mich gewöhnen«, meinte Daltaban. »Laßt uns hier nicht mehr lange reden.« Er zog sein Geld aus der Tasche, zählte tausend Goldstücke ab und gab sie Seyreksakal, der das Rebhuhn holte.

Daltaban legte dem Tier ein goldenes Kettchen um den Hals und sprach: »Rebhuhn, Rebhuhn, flieg so schnell du kannst bei mir durchs Fenster. Bestell meiner Frau, ich werde bald schon bei ihr sein.«

Daltaban ließ den Vogel los, machte sich auf den Heimweg, und als er zu Hause ankam, erfuhr er von seiner Frau, das Rebhuhn sei nicht einmal vorbei-, geschweige denn durchs Fenster geflogen.

Das erzürnte Daltaban. Verderben über den Betrüger! dachte er, der Kerl hat mich hereingelegt. Er versammelte seine Leute und zog mit ihnen zu Seyreksakal, um sich für die Schmach zu rächen.

Seyreksakal wußte natürlich, daß dies geschehen würde, und hatte vorgesorgt.

Als Daltaban bei ihm eintraf, ihn des Betrugs bezichtigte und Genugtuung forderte, entgegnete Seyreksakal: »Mich dauert dein Mißgeschick zutiefst. Indes trifft mich keine Schuld. Vielmehr glaube ich, daß meine Frau ihre Hand im Spiel hat.« Dann drehte er sich zu seiner Frau um und sprach: »Du alte Gaunerin hast uns ein schönes Schnippchen geschlagen. Wie stehe ich vor Daltaban und seinen Leuten da?«

Die Frau ging furchtlos auf ihn zu. Doch er ergriff ein Messer und trat ihr entgegen. Rasch stellte sich Daltaban zwischen die beiden, um den wütenden Mann zu beschwichtigen, aber Seyreksakal ließ sich nicht zurückhalten. Er schleuderte die Frau zu Boden, und ehe es sein Besucher verhindern konnte, schnitt er ihr die Kehle durch. Das Blut floß wie Wasser aus einem Hahn.

Daltaban wich entsetzt zurück. »Warum hast du mir nicht gesagt, daß du sie umbringen wolltest? Du hättest die tausend Goldstücke behalten können. Ich hätte sie dir gern geschenkt.«

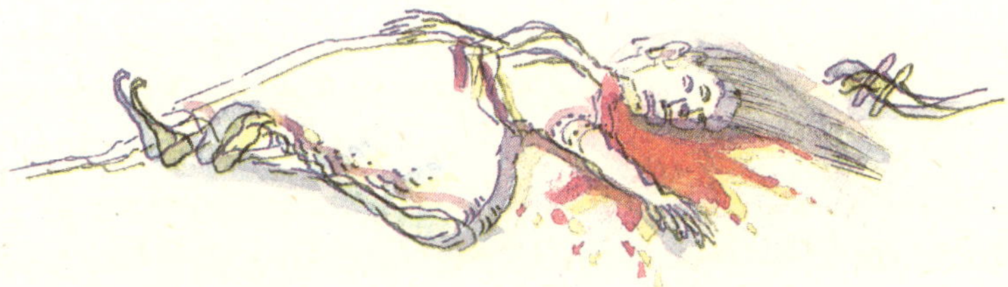

»Dazu ist es auch jetzt nicht zu spät, wenn du es so gern getan hättest«, entgegnete Köse. »Schenke mir das Geld, und ich erwecke meine Frau zum Leben.«

Damit war Daltaban einverstanden. Nur glaubte er nicht, daß Seyreksakal das Kunststück fertigbringen würde.

Seyreksakal ergriff seine Flöte, kniete neben der reglosen Frau nieder und spielte ihr etwas vor. Da bewegte sie sich, schlug die Augen auf und erhob sich, als ob sie zu neuem Leben erwacht wäre.

Natürlich hatte Köse nicht ihre Kehle durchgeschnitten, sondern den prall mit Blut gefüllten Hammeldarm, den er ihr vorher unter dem hoch geschlossenen Kleid auf den Hals gebunden hatte.

Das Schauspiel beeindruckte Daltaban derart, daß er Seyreksakal vorschlug, ihm die Flöte zu verkaufen.

»Das geht leider nicht«, sagte Seyreksakal, »weil sie unverkäuflich ist. Diese Flöte sichert mir nämlich meinen Lebensunterhalt.«

So schnell gab sich Daltaban jedoch nicht geschlagen. Wieder handelte und feilschte er mit aller zu Gebote stehenden Leidenschaft. Zu guter Letzt bot er Seyreksakal tausend Goldstücke an.

Auf diese Summe einigten sie sich. Seyreksakal rückte die Flöte heraus, Daltaban ging zufrieden nach Haus und schnitt seiner Frau die Kehle durch. Dann nahm er die Flöte, kniete neben ihr nieder und flötete ihr etwas vor. Doch so lange und so schön er auch spielte, seine Frau rührte und regte sich nicht.

Da sah Daltaban, daß Seyreksakal ihn erneut betrogen hatte. Zornbebend raufte er sich die Haare. Ganze Büschel riß er aus, trommelte seine Leute zusammen und schickte sie dem Gauner auf den Hals, damit sie ihn ergriffen und in den Fluß warfen.

Daltabans Männer liefen zu Seyreksakals Haus, steckten den Betrüger in einen Sack, schnürten oben zu und machten sich auf den Weg zum Fluß.

Bis dorthin war es eine lange Strecke, und weil die Sonne so heiß brannte, bekamen sie Durst. Ein Täßchen Mokka könnte nicht schaden, meinten sie, und wenn Seyreksakal zehn Minuten länger lebte, wäre das auch kein Unglück. So stellten sie den Sack vor einem Kaffeehaus ab und gingen hinein, um sich zu stärken.

Seyreksakal, der in dem Sack kauerte, bangte ernstlich um sein Leben. Als er aber Schritte hörte, fing er laut zu schreien an: »Ich will sie nicht! Ich nehme sie nicht! Ich will sie nicht! Ich nehme sie nicht!«

Der Mann, der vorbeigehen wollte, blieb stehen, beugte sich über den Sack, vergewisserte sich, daß ein Mensch darin steckte, und fragte: »Hör zu, Bruder. Wer ist es denn, den du nicht nehmen willst?«

»Die Tochter eines steinreichen Bei, mein Freund«, erwiderte Seyreksakal. »Ich soll das Mädchen heiraten, aber ich liebe eine andere, und Geld allein macht doch nicht glücklich, wie du weißt. Nun haben mich die Schufte in diesen Sack gesperrt, um mich gewaltsam zur Hochzeit zu schleppen. Unterwegs sind sie durstig geworden und erst mal Mokka trinken gegangen.«

Da machte ihm der Fremde ein Angebot: »Ich gebe dir mein Geld. Es ist nicht viel, aber mehr habe ich nicht. Wenn du einverstanden bist, nehme ich dafür deinen Platz ein.«

Das war natürlich ein Vorschlag ganz nach Köses Geschmack. Der Fremde band auf, Seyreksakal kroch heraus, strich das Geld ein, der Fremde schlüpfte in den Sack, und Seyreksakal schnürte fest zu. Dann rannte er davon.

Bald darauf verließen Daltabans Leute das Kaffeehaus. Sie nahmen den Sack, trugen ihn zum Fluß, versenkten ihn an der tiefsten Stelle und machten sich auf den Heimweg. Sie waren noch gar nicht lange gegangen, da bemerkten sie einen Mann, der am Ufer saß, Geld zählte und auffallende Ähnlichkeit mit Seyreksakal hatte. Als die Leute näher kamen, sahen sie, daß es tatsächlich der Schurke war. Sie trauten ihren Augen nicht. Köse zeigte ihnen lächelnd die Goldstücke und sprach: »Die habe ich auf dem Grund gefunden, an der Stelle, wo ihr mich reingeworfen habt. Riesengroße Mengen liegen noch dort unten, und ich hätte gern mehr mitgenommen, aber meine Taschen waren voll. Der Sack, in den ihr mich gesteckt hattet, ist beim Aufprall zerrissen.«

Daltabans Leute rannten zurück, sprangen hurtig in die Fluten und wurden nie wieder gesehen.

Seyreksakal lebt, und da er nichts Gutes erstrebt, listig zu lügen
versteht, seid auf der Hut, liebe Leute, damit es euch nicht
heute wie einst Daltaban ergeht!

Das Mondpferd

Es war einmal ein Sultan, dessen Leben unter keinem guten Stern stand, so daß er nicht gerade segensreich regierte, allerlei Ungemach über die Menschen brachte, sich vom Volk jedoch umjubeln ließ. Dieser ehrgeizige, ruhmsüchtige, nicht sonderlich kluge Herr kratzte sich eines Tages den Kopf und fand unter dem Nagel seines Zeigefingers ein Tierchen, das er nicht kannte. Da er nicht ungebildet bleiben wollte, rief er seinen Wesir zu sich. »Schau einmal, was für ein merkwürdiger Käfer auf meinem Kopf herumgekrochen ist.«

Der Wesir betrachtete das Insekt, sah, was es war, und sprach: »Majestät, das muß ein Menschenkäfer sein, eine sogenannte Laus, verschmäht Pflanzenkost sowie jede sonstige feste Nahrung, denn sie hat keine Zähne. Sie ernährt sich von Blut, und Eurem Kopf hat sie einen Besuch abgestattet, um sich an hochherrschaftlichem Lebenssaft gütlich zu tun.«

Der Sultan ließ die Laus in eine Schüssel sperren und ihr Hühnerblut geben. Davon konnte sie trinken, soviel sie wollte. Weil sie schier unersättlich war, schwoll ihr der Bauch, und sie wuchs und wuchs, bis ihr die Schüssel zu eng wurde und sie in einen Bottich umziehen mußte. Am Ende ihres Lebens war sie so groß wie eine ausgewachsene Katze.

Der Sultan rief den Wesir zu sich und sprach: »Schau einmal, was für ein strammer Bursche der Menschenkäfer geworden ist.«

»In der Tat«, pflichtete ihm der Wesir bei. »Wer sieht, welche Ausmaße er angenommen hat, würde niemals auf den Gedanken kommen, daß es eine Laus ist. Eine Riesenlaus wie diese hat es noch nicht gegeben.«

Als der Sultan das hörte, rieb er sich die Hände. »Wir werden sie schlachten, ihr das Fell über die Ohren ziehen, die Haut vor meinem Palast aufhängen und die Leute zum besten halten. Wer errät, was für eine Haut es ist, soll die Prinzessin heiraten. Die Männer werden sich den Kopf zerbrechen, es aber nicht herausbekommen.« Im Vorgefühl des Vergnügens, das er empfinden würde, vollführte er einen Bauchtanz, und der Wesir klatschte Beifall.

Als er dem Sultan reichlich genug gehuldigt hatte, tötete er die Laus, hängte die Haut vor der Pforte des Palastes auf, und der Sultan sang dazu ein Spottlied.

»Schaut her, Leute, schaut!
Was hängt denn hier aus?
Von wem stammt die Haut?
Es war keine Katze,
es war keine Maus.
Es hängt an dem Platze
die Haut einer Laus.
Wer's findet heraus,
wird bald schon getraut –
mein Kind seine Braut.«

Nachdem der Wesir den Balg aufgehängt und der Sultan seinen Spaß gehabt hatte, ließ er im Lande verkünden: »Wer herausbekommt, was für eine Tierhaut vor der Palastpforte hängt, soll zur Belohnung die Prinzessin heiraten.«

Aus dem ganzen Sultanat strömten die Männer herbei, zerbrachen sich umsonst die Köpfe, zogen unverrichteterdinge wieder heim, und der Sultan rieb sich schadenfroh die Hände.

Doch der eitle Herrscher, der sich für klüger hielt, als er war, frohlockte zu früh. Da gab es nämlich einen Riesen, der genau wußte, daß es sich um eine Läusehaut handelte, weil er den Sultan bei seinem Gesang belauscht hatte. Um keinen Argwohn zu erregen, ließ er ein paar Tage vergehen, dann wanderte auch er zum Palast.

Unterwegs traf er einen Bauern, der mit seinen beiden Töchtern am Feldrand im Schatten eines Baumes saß. Dem Bauern werde ich einen Streich spielen, dachte der Riese, wenn ich ihn zum Palast schicke, kann ich mich in aller Ruhe über die Mädchen hermachen. Er war nämlich ein Menschenfresser, der seit langem hungerte. Zum Schein gab er sich leutselig und sprach: »Väterchen, der Sultan hat eine Haut aufhängen lassen. Wer weiß, daß es eine Läusehaut ist, darf die Prinzessin heiraten. Geh hin, hol dir den Preis!«

»Was soll mir eine Prinzessin?« fragte der Bauer brummig. »Mir genügen zwei Töchter, die ich kaum ernähren kann. Den Preis hole sich, wer will. Mich gelüstet nicht danach.«

Wohl oder übel setzte der Riese seinen Weg fort. Am Palast angekommen, stand er lange vor der Pforte, betrachtete tiefsinnig die Läusehaut und tat, als ob er sehr unsicher wäre. Der Sultan rieb

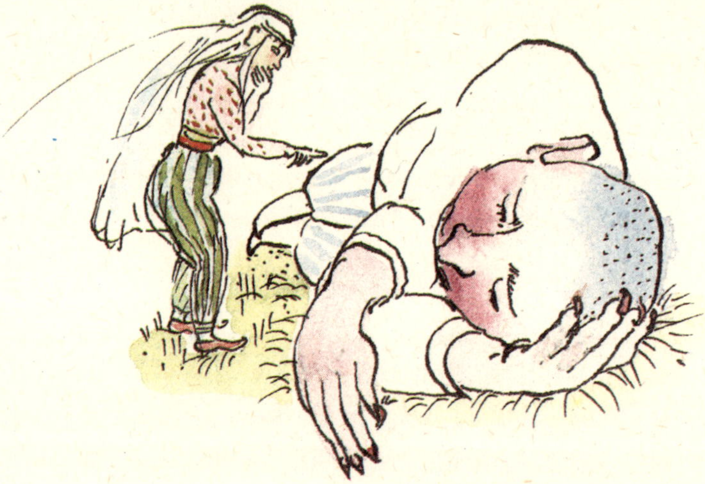

sich die Hände und wollte schon in Hohngelächter ausbrechen, da drehte sich der Riese zu ihm um und sprach: »Du machst es mir nicht leicht, Sultan, aber ich könnte wetten, daß du eine Läusehaut hast aufhängen lassen.«

Der Sultan stand wie vom Donner gerührt, und als er sich ein wenig erholt hatte, jammerte er laut, denn es war seine Einzige, die er zur Strafe für seine Eitelkeit hergeben sollte. Er bot dem Riesen statt ihrer zwei Sklavinnen an.

Doch damit war der Riese nicht einverstanden. »Ich habe das Rätsel gelöst und bestehe auf dem versprochenen Preis. Am Fuß des grünen Berges werde ich die Prinzessin erwarten.«

Der Sultan ging in den Palast und weihte seine Tochter in die Sache ein.

Die Prinzessin weinte bitterlich, fügte sich aber ins Unabänderliche. Sie wünschte sich nur, auf dem Rücken des Mondpferdes zu dem grünen Berg reiten zu dürfen.

Das war dem Sultan recht. Er holte das Mondpferd, das Rosenwasser trank und Nüsse und Wein fraß, aus dem Stall, sattelte es eigenhändig, half der Tochter hinauf und gab ihr einige Soldaten als Geleitschutz mit.

Am Fuße des grünen Berges fand das Mädchen den Riesen, der schlafend im hohen Grase lag. Die Soldaten kehrten um, und die Prinzessin weinte wieder.

Da blickte das Mondpferd sie groß an. »Trockne die Tränen, umschlinge meinen Hals, sprich die Worte: ›Schließ die Augen, öffne sie wieder!‹ Paß auf, was dann geschieht!«

Die Prinzessin legte die Arme um den Pferdehals und sagte: »Schließ die Augen, öffne sie wieder!« Da erhob sich das Mondpferd in die Lüfte. Es stieg und stieg, flog über das Meer bis zu einer Insel mit einem Palast und einem Schloßpark.

Auf der Insel landete es und sprach: »Geh hinein! Ich werde hier inzwischen ruhen.«

Die Prinzessin geht also hinein, läuft durch den wunderschönen Park zu einem Badehaus, um im Hamam den Reisestaub abzuspülen.

Während sie badet, spaziert ein Königssohn an der Küste entlang, sieht das Zauberroß, das sich ausgestreckt hat und dessen glänzendes Fell sich im Wasser spiegelt, und denkt: Ist dort jemand in mein Schloß eingedrungen? Mit einem großen Boot setzt er über, schreitet durch den Schloßpark und bleibt auf einmal stehen, denn aus dem Hamam erklingt eine Stimme: »Komm mir nicht zu nahe, hier badet eine Dame.«

»Zieh deine Sachen an, damit ich dich sehen kann«, ruft er zurück und wartet, bis sie das Bad verlassen hat. Dann geht er auf sie zu. Geschmeidig ist sie, anmutig und sanft wie der Mond. Als er fragt, wie sie in sein Schloß gelangt sei, erzählt sie ihre Geschichte.

»Aha, eine Prinzessin bist du«, sagt er, »und ich bin ein Prinz, ein Königssohn. Wenn ich darf, bringe ich dich zu meinem Vater.«

Sie stimmt dem Vorschlag zu, froh, nicht länger allein zu sein. Also steigen sie gemeinsam ins Boot, nehmen das Mondpferd an Bord und fahren zum Königspalast, wo der Prinz dem Vater sein Herz ausschüttet, berichtet, wer seine Begleiterin ist und wie er sie getroffen hat.

Schon bald findet die große Hochzeit statt. Viele Gäste kommen aus Jemen, Rußland, aus anderen Ländern angereist. Vierzig Tage und vierzig Nächte wird gefeiert, dann genießen die Jungvermählten ihr Liebesglück, denn sie glauben schon am Ziel ihrer Wünsche angelangt zu sein.

Doch eine schlimme Kunde trübt ihre Freude. Ein Padischah, der dem König feindlich gesonnen ist, erklärt ihm den Krieg.

Der König will sich an die Spitze seines Heeres stellen und dem Gegner entgegenziehen, aber der Prinz möchte den Vater nicht gehen lassen. »Du bist alt, Vater, laß mich die Stelle des Heerführers einnehmen. Die Zeit, als du für den Kampf rüstig genug warst, liegt hinter dir.«

»Und du, mein Sohn, hast das Leben vor dir«, entgegnet der König, »dir gehört die Zukunft. Und ich soll dich in den Krieg schikken?«

»Unterlaß es, mich zu schicken, aber hindere mich nicht daran, meine Pflicht zu tun«, entgegnet der Jüngling stolz.

Welche Einwände der König auch vorbringt, keiner stimmt den Prinzen um. Er schart die Soldaten seines Vaters um sich, und sobald alle Vorbereitungen abgeschlossen sind, zieht er mit ihnen in die erste Schlacht.

Während der Prinz im Ausland Krieg führt, schenkt seine Frau einem Zwillingspaar das Leben, einem kräftigen Jungen und einem zierlichen Mädchen.

Aber auch der Riese ist inzwischen nicht untätig gewesen, hat überall herumgehorcht und herausgefunden, wo sich die Prinzessin aufhält. Als er von der Geburt ihrer beiden Kinder erfährt, schwört er, sich an ihr zu rächen. Neben der Straße, auf der die Post zwischen dem Schlachtfeld und dem Königspalast hin- und hergeht, eröffnet er ein Kaffeehaus. Der König schreibt dem Sohn, daß ihm seine Frau einen Jungen und ein Mädchen geboren hat, und der Kurier, der die freudige Nachricht überbringen soll, will am Kaffeehaus vorbeieilen, doch da steht der Riese vor der Tür. »Komm herein, tritt ein, übernachte bei mir!«

Der Bote möchte sich nicht aufhalten, aber der Riese schaut derart finster und drohend drein, daß der Kurier es mit der Angst bekommt und sich überreden läßt. In der Nacht, als er eingeschlafen ist, durchsucht der Riese seine Sachen, findet den Brief, liest ihn und ersetzt ihn durch einen anderen, der da lautet:

»Lieber Sohn, ich muß Dich leider von einem traurigen Ereignis unterrichten. Meine Schwiegertochter hat in Deiner Abwesenheit zwei Welpen geworfen. Soll ich das Weib davonjagen oder es bis zu Deiner Heimkehr am Hof belassen?«

Am Morgen läuft der Kurier mit dem gefälschten Brief weiter. Der Prinz erhält ihn und antwortet: »Lieber Vater, gib bitte auf meine Frau acht. Wenn ich zurückkomme, werden wir über alles reden.«

Dieser Brief wird ebenfalls abgefangen, denn der Riese zwingt den Boten auch auf dem Rückweg, bei ihm zu übernachten. Den Brief des Prinzen tauscht er gegen einen anderen aus.

»Lieber Vater, jage Weib und Kinder aus dem Palast. Das Mondpferd laß in Ketten legen, damit es kein Unheil anrichten kann! Verbanne die Frau auf den höchsten Berg! Ich brauche sie nicht mehr, habe hier ein schöneres Mädchen kennengelernt, von dem ich mich ungern trennen würde.«

Als der Bote zurückgekehrt ist, läuft die Prinzessin zum König. »Vater, ist ein Brief gekommen?«

»Nein«, antwortet der Schwiegervater, »nein, meine Tochter, Post ist heute nicht eingetroffen.«

»Aber ich habe doch den Boten gesehen.«

»Ja, der Bote ist hier. Nur hat er nichts für dich gebracht.«

Da stimmt etwas nicht, denkt die Prinzessin, die bemerkt hat, wie ihr Schwiegervater den Brief in eine Schublade legte, und beschließt, der Sache auf den Grund zu gehen. Sobald der König den Raum verlassen hat, zieht sie das Fach auf, liest den Brief und ist so betroffen, daß sie mit ihren beiden Kindern durch eine Hintertür flieht. Ehe ich mich verjagen lasse, denkt sie, gehe ich freiwillig fort von hier.

Weit ist der Weg zum höchsten Berg, und als sie dort anlangt, sind alle sehr hungrig. Sie will die Säuglinge stillen, doch die Milch versiegt, ehe die Kleinen satt sind, und weil sie herzzerreißend schreien, betet sie: »Mein Gott, schicke doch wenigstens für die Kinder etwas zu essen.«

Nachdem sie inbrünstig gebetet und bitter geweint hat, stochert sie mit einem Stock im Sand. Da schießt ein Wasserstrahl empor, und sie findet ein Beutelchen voll Mehl.

»Dem Himmel sei Dank«, flüstert sie, rührt schnell Brei an, füttert die Kinder, und plötzlich erblickt sie den Riesen. Noch ist er fern, doch er rennt, wie nur ein Riese rennen kann, und nähert sich rasch. In ihrer Not, den grimmigen Tod vor Augen, ruft sie das Mondpferd an: »Hilf mir, mein Mondpferd, hilf mir, oder ich bin verloren!«

Der König hat das Zauberpferd anketten lassen. Zwar vernimmt es den Ruf, versucht sich loszureißen, indes die Ketten abzuschütteln gelingt ihm nicht.

Näher kommt der Riese dem Fuß des Berges, unaufhaltsam näher. Das Mädchen ruft lauter, als es vorher gerufen hat. Trotzdem kann sich das Mondpferd nicht befreien.

Der Riese hat den Berg schon fast erreicht, da ruft die Prinzessin, so laut sie nur kann. Das Mondpferd spannt die letzten Kräfte an, und diesmal widerstehen die Ketten nicht. Nach gestrecktem Galopp kommt das Roß mit sieben Pferdelängen Vorsprung am Fuß des Berges an.

Flugs springt ihm die Prinzessin auf den Rücken und umschlingt seinen Hals. »Schließe die Augen, öffne sie wieder!« Und vor der Nase des Riesen, der schon die Hand ausgestreckt hat, um nach den Zügeln zu greifen, beginnt der Höhenflug zum Gipfel hinauf.

Wutentbrannt zieht sich der Riese in sein Kaffeehaus zurück, und die Prinzessin umhalst noch einmal das Zauberroß. »Versuche herauszufinden, warum mich mein Schwiegervater aus dem Palast jagen sollte. Schließe die Augen, öffne sie wieder!«

Das Pferd schließt die Augen, öffnet sie wieder.

»Hast du die Antwort gefunden?«

»Da war ein Brief, und darin stand: ›Lieber Sohn, ich muß Dich leider von einem traurigen Ereignis unterrichten. Meine Schwiegertochter hat in Deiner Abwesenheit zwei Welpen geworfen. Soll ich das Weib davonjagen oder es bis zu Deiner Heimkehr am Hof belassen?‹« antwortet das Mondpferd.

»Das soll mein Schwiegervater geschrieben haben?« fragt die Prinzessin höchst erstaunt. »Ist es denkbar, daß er so gemein gelogen hat?«

Inzwischen sind sie zum Gipfel aufgestiegen, und das Mondpferd spricht: »Ich bin nun zu Hause angekommen. Hier ist mein Platz. Hier werde ich sterben. Du mußt dich nun ohne mich durchs Leben schlagen.«

»Ach, liebes Mondpferd, wie soll ich das machen, ohne deine Hilfe mit den Kindern allein auf dem Gipfel des höchsten Berges?« Die Prinzessin ist so verzweifelt, daß sie das Gesicht in die Hände vergräbt und zu weinen beginnt.

»Trockne die Tränen«, spricht das Mondpferd, »sie nützen dir nichts. Tu lieber, was ich dir sage! Schneide mir den Bauch auf, befestige das eine Ende meines Darms an dem rechten Ohr, führe das andere um den Gipfel herum, befestige es am linken! Dann krieche mit deinen Kindern in mich hinein! Niemand wird euch finden, und wenn du aufwachst, wirst du sehen, wie es mit euch weitergeht.«

Nach diesen Worten fällt das Mondpferd um und stirbt. Die Prinzessin hört zu jammern auf, tut, was das Roß ihr geraten hat, und als sie am nächsten Morgen die Augen aufschlägt, befindet sie sich in einem Palast, der größer als der ihres Vaters und der ihres Schwiegervaters zusammengenommen ist. Diener kommen, waschen ihr das Gesicht, bringen ihr zu essen, und alles ist so schön, daß sie anfangs zu träumen glaubt, doch dann fällt ihr Blick auf die goldenen Wiegen, in denen ihre Kinder liegen, und sie hört die Schlafliedchen einer Wärterin.

In den Palast eines Feenpadischahs ist sie geraten. Das Mondpferd, des Padischahs verwunschener Sohn, hat drei hilflosen Menschen das Leben gerettet. Darauf ist der böse Zauber gewichen. In seiner früheren Gestalt kehrte der Prinz zu seinen Eltern zurück und brachte liebe Gäste mit.

Doch lassen wir die Prinzessin zunächst im Palast des Feenpadischahs leben. Wenden wir uns erst einmal ihrem Gatten zu!

Der Krieg ist aus, und auch dieser Prinz kehrt glücklich heim. »Wo ist meine Frau?« fragt er den Vater. »Du schreibst, daß sie zwei Welpen geworfen hat?«

»Mein Sohn, was redest du für Unsinn? Gesunde Zwillinge hat sie zur Welt gebracht, einen kräftigen Jungen und ein zierliches Mädchen. Dies und nichts anderes habe ich geschrieben. Aber du entschiedest dich dafür, das Mondpferd in Ketten legen zu lassen, deine Frau mit den Kindern fortzujagen, sie auf den höchsten Berg zu schicken. Das alles wegen einer anderen, von der du dich ungern trennen würdest?«

Der Prinz zeigt dem König den Brief, in dem die Nachricht von den Welpen steht.

»Nein, mein Sohn, das ist nicht der, den ich geschrieben habe«, sagt der Vater.

Da läßt der Prinz den Boten kommen, den Kurier, der die falsche Post befördert hat, und der Mann gesteht, im Kaffeehaus des Riesen übernachtet zu haben.

»Das ist des Rätsels Lösung«, sagt der Prinz, denn was in jener Nacht geschah, kann er sich denken. Mit einem Diener bricht er auf, um Frau und Kinder zu suchen.

Lange streifen sie durch das Land, dann besteigen sie den höchsten Berg, erklimmen ausgehungert, dem Verdursten nahe, seinen Gipfel und sehen darauf den Palast des Feenpadischahs stehen.

»Geh hin, bitte um ein Stück Brot!« sagt der Prinz zu seinem Begleiter.

Zwei Kinder spielen vor dem Tor und führen den Fremden sogleich hinein. Noch nie hat der Diener einen so schönen Palast gesehen, noch nie ist er so gastlich empfangen worden. Mit schmackhaften Speisen und erfrischenden Getränken wird er bewirtet und läßt sich Essen und Trinken schmecken.

»Draußen wartet ein junger Mann«, bemerkt er nach beendetem

Mahl, »dem vor Hunger die Beine den Dienst versagen. Ob ich eine Kleinigkeit zu ihm bringen darf?«

Die Kinder stellen gefüllte Schüsseln auf ein Tablett. Ihre Mutter hilft ihnen dabei und denkt: Ach, wäre es doch mein Gatte, den es reut, uns lieblos verstoßen zu haben, und der nun gekommen ist,

um uns zu holen! »Wenn er sich gestärkt hat«, sagt sie, »besucht uns im Palast.«

Der Diener trägt das Tablett zu seinem Herrn hinaus, und als auch der Königssohn gesättigt ist, werden die Deckel der Speiseschüsseln zu Rädern und rollen zum Palast zurück, wohin ihnen der Prinz und sein Diener folgen.

Wieder bitten die Kinder die Männer, einzutreten. Wieder bereitet die Mutter schmackhafte Speisen zu, schickt die Zwillinge, sie aufzutragen, und schärft ihnen ein: »Sollten sie euch auffordern, zuzugreifen, legt eure Steckenpferde aufs Tablett und sagt, daß eure Lieblinge Hunger haben, während ihr bereits gegessen habt, und wenn sie einwenden, daß Steckenpferde gar nicht essen können, entgegnet ihnen: Doch, seitdem eure Mutter statt Kinder zwei Hündchen geboren hat, können sie.«

Und alles geschieht, wie es die Prinzessin vorausgesehen hat.

Die Zwillinge bringen den Gästen das Tablett, werden eingeladen mitzuessen und bemerken, daß ihre Steckenpferde Hunger haben.

»Aber Kinder, die können doch nicht essen«, sagt der Prinz, und die Zwillinge erwidern wie aus einem Munde:

»Doch, seitdem unsere Mutter statt Kinder zwei Hündchen geboren hat, können sie.«

Da weiß der Prinz, daß es seine Kinder sind, drückt sie beide ans Herz und hält wenige Augenblicke später auch seine Frau in den Armen. Nachdem sie sich ausgiebig über das Wiedersehen gefreut haben, brechen sie gemeinsam zum Palast des Königs auf. Dort schart der Prinz noch einmal die Soldaten um sich und zieht mit ihnen zu dem Kaffeehaus am Straßenrand.

»Wir kommen, um dich zu belohnen«, sagt der Prinz zu dem Riesen, der vor der Tür steht. »Vierzig Messer oder vierzig Maulesel, wähle, was dir lieber ist.«

Der Riese antwortet, daß er am liebsten beides nehmen würde, aber wenn er nur das eine oder das andere haben könne, möchte er sich für die Maulesel entscheiden.

Kaum hat er es ausgesprochen, ergreifen ihn die Soldaten, binden ihn an vierzig Maulesel, ein heulender Sturm bricht los, tobt wütend über die Erde, während die Maulesel angetrieben werden und den Riesen zerreißen.

Sodann kehrt der Prinz zur Frau und zu den Kindern zurück. Jetzt leben sie freudig und in Frieden, denn Glück und Segen ist allen beschieden, die sich am Ziele ihres Strebens sehen, weil gute Wünsche in Erfüllung gehen.

Zwei Faulpelze

Früher lebten in einem Dorf einmal zwei arge Faulpelze. Den lieben langen Tag steckten sie die Beine unter den Tisch, frönten dem Müßiggang und machten keinen Finger krumm. Sie waren echte Tagediebe, arbeitsscheu, faul wie die Sünde, trotz alledem jedoch nicht unverbesserlich. Der eine hatte unverdientes Glück. Den anderen kurierte eine kluge Frau.

Wenden wir uns zunächst dem Glückspilz zu.

Schon als Kind verschwor er sich dem Nichtstun, streckte am liebsten alle viere von sich und ließ den lieben Gott einen guten Mann sein.

Sagte die Mutter: »Lauf zum Krämer, hol etwas fürs Abendessen ein«, entgegnete er: »Ich mag nicht, ich bin so herrlich träge, nein, ich bleibe lieber liegen.« Sprach sie: »Wenn dein Vater sähe, was für einen Faulenzer er zum Sohn hat, würde er im Grab keine Ruhe finden«, meinte er: »Ist es meine Schuld, daß er einen Taugenichts gezeugt hat, einen, der nichts weiter kann als herumlungern und die Daumen drehen?«

Er sträubte sich sogar, mit den Kindern der Nachbarn in den Wald zu gehen, um Holz zu sammeln, obwohl er Hunger hatte und seine Mutter backen wollte. »Ich tue es nicht, ich bin so herrlich träge, nein, ich bleibe lieber hier und stehle dem lieben Gott den Tag.«

Die Kinder hoben ihn auf einen Esel, banden ihn fest und nahmen ihn in den Wald mit. Doch er war nicht bereit, Reisig zu lesen, geschweige denn ein Beil anzupacken. Er streckte sich auf dem Moos aus, rührte keinen Finger und sah den anderen bei der Arbeit zu.

Vor seinen Augen wurde Holz gehackt, Scheit um Scheit herbeigeschleppt, auch sein Esel beladen. Er aber weigerte sich aufzustehen.

»Nein, ich mag nicht, ich bin so herrlich träge, ich verweile, weil es mir gefällt.«

Da ließen sie ihn kurz entschlossen im Wald zurück. »Ganz wie du willst. Wenn du sogar zum Aufstehen zu faul bist, dann bleibe, bis dich die Wölfe holen.«

Wie er so auf dem Moos lag, die Augen zumachte und sich dem Nichtstun hingab, kamen zwar nicht die Wölfe, sondern eine graue Schlange kroch herbei, hob den Kopf, züngelte und sprach: »Warum flüchtest du nicht vor mir? Siehst du nicht, daß ich die graue Schlange bin? Mit einem einzigen Biß kann ich dich töten.«

Er rekelte sich und gähnte nur. »Nein, ich flüchte nicht vor dir. Hast du Lust, mich zu beißen, dann tue es. Fortlaufen mag ich nicht. Dazu bin ich viel zu träge.«

Die Schlange ließ die gespaltene Zunge spielen und zischelte: »Fürchtest du dich so wenig vor mir, daß du eher dem Tod ins Auge siehst, als meine Gesellschaft zu fliehen, sollst du gern an mich zurückdenken. Wenn du in Schwierigkeiten gerätst, darfst du dir wünschen, was du willst. Gebrauche die Zauberformel ›Auf Allahs Geheiß, wie von der grauen Schlange versprochen‹, und schon werden deine Wünsche in Erfüllung gehen.«

Nachdem sich die Schlange ausgezischelt hatte, kroch sie davon.

Der Junge aber blieb im Wald und wurde immer hungriger. Am Abend war er richtig ausgehungert. Da er jedoch nicht nach Hause laufen wollte, um zu essen, was seine Mutter gebacken hatte, beschloß er zu erproben, ob die Zauberformel etwas wert sei. »Auf Allahs Geheiß, wie von der grauen Schlange versprochen, wünsche ich mir eine große Schüssel Suppe«, sagte er.

Kaum hatte er zu Ende gesprochen, stand eine volle Schüssel vor ihm. Er löffelte die Suppe aus und legte sich gesättigt schlafen.

Am nächsten Morgen erwachte er zufrieden unter dem Baum, unter dem er die Nacht verbracht hatte. Sogleich fiel ihm die Schlange ein, und vor lauter Übermut erlaubte er sich einen Scherz: »Auf Allahs Geheiß, wie von der grauen Schlange versprochen, wünsche ich die Tochter des Padischahs zu schwängern.«

Sogleich wurde die Prinzessin schwanger, ohne daß es außer dem Faulpelz jemand ahnte.

Der Vormittag verstrich, und der Faulpelz sehnte sich nach dem Herd seiner Mutter. Wieder versuchte er es mit dem Zauberspruch:

»Auf Allahs Geheiß, wie von der grauen Schlange versprochen, wünsche ich mir, zu Hause zu sein.«

Im nächsten Augenblick befand er sich in der Hütte seiner Mutter. Die gute Frau zeigte sich gar nicht erfreut, den faulen Sohn wieder bei sich zu haben. Da sie keine Rabenmutter war, sorgte sie trotzdem für sein leibliches Wohl. Er ließ es sich schmecken und erzählte beim Essen von der hilfreichen grauen Schlange. Na, das hörte die gute Frau natürlich gern, denn nun hatte alle Not ein Ende. Sooft es an etwas mangelte, gebrauchte der Sohn den Zauberspruch, und geheimnisvolle dienstbare Geister erfüllten seine Wünsche.

Die Wochen gingen ins Land, und als neun Monate verstrichen waren, gebar die Prinzessin ein Kind.

Der Padischah stellte die Tochter zur Rede. »Wer hat uns die Schande angetan?«

»Ich weiß es nicht«, antwortete die Prinzessin wahrheitsgemäß, »ich weiß es nicht. Ich habe mich nie einem Mann hingegeben.«

Der Herrscher dachte über die Worte der Tochter nach, und da er ziemlich ratlos war, versammelte er die Wesire um sich. Sie empfahlen ihm, die Tochter zu schonen, bis das Kind herangewachsen sei. Dann solle er alle Männer des Reiches kommen lassen und achthaben, zu wem sein Enkel Vater sage.

Dieser Vorschlag gefiel dem Padischah gut. Er befahl, die Prinzessin einzusperren und ihr nur so viel zu essen zu geben, daß sie nicht verhungerte.

Alles geschah, wie die Wesire geraten und der Padischah befohlen hatte. Sieben Jahre schmachtete die Prinzessin hinter Schloß und Riegel, war sich keiner Schuld bewußt, nagte jedoch am Hungertuch.

Nach Ablauf der Zeit machten Ausrufer bekannt: Jeder Mann des Landes, gleichgültig, ob jung oder alt, habe sich unverzüglich in die Hauptstadt zu begeben, und als sich die Untertanen männlichen Geschlechts dort auf dem größten Platz eingefunden hatten, wurde der Enkel des Padischahs durch die Reihen geführt, sah sich die versammelten Männer an, sagte aber zu keinem von ihnen Vater.

Der Herrscher schickte Kundschafter aus und erfuhr, in einer Hütte lebt ein Jüngling, weit und breit als Faulpelz bekannt, ein zu großer Müßiggänger, als daß er dem Aufruf gefolgt wäre.

Der Faulpelz wurde in den Palast geholt, dem Enkel des Herrschers vorgeführt, und der Kleine redete ihn als »mein lieber Vater« an.

Als der Padischah das hörte und die Jammergestalt von Jüngling sah, erblaßte er vor Zorn, verstieß die Tochter und ordnete an, daß sie künftig bei dem Vater ihres Kindes wohnen solle.

Nun war die Prinzessin frei, handelte jedoch den Palast des Vaters gegen eine Hütte ein. Der Tausch tat ihr in der Seele weh, denn sie glaubte nicht anders, als weiterhin schuldlos darben zu müssen.

Der Faulpelz bemerkte ihren Kummer, während sie – gebrechlich, schmächtig und bleich – am Fenster saß und traurig in die Ferne starrte. Es war töricht von mir, sie schwanger zu machen, dachte er reumütig; hätte ich es nicht getan, müßte ich sie jetzt nicht leiden sehen. Um sie zu trösten, sagte er die Zauberformel her: »Auf Allahs Geheiß, wie von der grauen Schlange versprochen, wünsche ich mir ein Mahl, das der Tochter eines Padischahs würdig ist.«

Schon standen die allerfeinsten Speisen bereit und warteten nur darauf, gegessen zu werden. Die Prinzessin griff tüchtig zu, bis ihr Hunger gestillt und die größte Sorge vergessen waren. Dann sagte sie zu dem Faulpelz: »Jetzt weiß ich endlich, auf welche Weise ich zu dem Kind gekommen bin. Da du über so wunderbare Gaben verfügst, kennst du gewiß auch einen Weg, geschehenes Unrecht wiedergutzumachen und meinen Vater mit mir auszusöhnen.«

Der Faulpelz wünschte sich, wie ein Sultan zu wohnen, und schon befanden sich beide in einem Schloß, das am Ufer eines blauen Sees lag, nicht weit vom Palast des Herrschers entfernt.

Am nächsten Morgen erblickte die Prinzessin vom Fenster aus ihren Vater, der draußen spazierenging, überrascht das Schloß betrachtete und wohl meinte, daß es – das Werk unvorstellbar fleißigster Bauleute – über Nacht entstanden sei. »Ach, mache doch, daß er mich nicht erkennt«, bat sie den Faulpelz.

Der Junge gebrauchte die Zauberformel. Im Nu nahm die Prinzessin Männergestalt an, lief dem Padischah entgegen und lud ihn zum Essen ein.

Neugierig folgte der Herrscher dem vermeintlichen Prinzen zum Schmaus, war des Lobes voll über die leckeren Speisen, die aufgetragen wurden, bestaunte das goldene Geschirr, die kostbaren, kunstvoll verzierten Möbel, allen Prunk und Luxus, die im Schloß herrschten.

Während der Padischah und die Soldaten seines Gefolges vergnüglich speisten, sagte die Prinzessin zu dem jungen Mann: »Mein lieber Faulpelz, mache doch, daß einer der goldenen Deckel meinem Vater unter den Mantel gerät.«

Der Faulpelz sprach die Zauberformel, und sogleich geschah, was er gewünscht hatte.

Nach beendetem Mahl wollten die Gäste ihr Boot aufsuchen, um zum Palast des Herrschers zu fahren. Da verkündeten die Gastgeber, daß ein goldener Deckel vermißt werde. Die Mitglieder des Gefolges schauten einander betroffen an, ließen es aber geschehen, daß sie entkleidet wurden. Schweigend sah der Padischah zu, und da der Deckel bei keinem seiner Leute zu finden war, bestand er darauf, ebenfalls durchsucht zu werden.

»Nun sage mir einer, wie konnte er ohne mein Wissen unter den Mantel geraten?« rief er verblüfft, als das wertvolle Stück zum Vorschein kam.

Unterdessen hatte der Faulpelz die Prinzessin zurückverwandelt. Sie schritt auf ihren Vater zu und sprach: »Und du, lieber Vater, sage mir, wie das Kind ohne mein Wissen in meinen Bauch kommen konnte.«

Der Padischah stutzte, lachte herzlich und umarmte seine Tochter zum Zeichen der Versöhnung.

Unverzüglich ließ er alles für die Hochzeit herrichten, seit Menschengedenken eines der größten Feste. Vierzig Tage und vierzig Nächte feierten die Gäste.

Der Glückspilz aber zog sich mit der Prinzessin ins Brautgemach zurück. Dort hörte er, der sie nie zuvor angerührt hatte, endgültig auf, ein Faulpelz zu sein, und weil wir die beiden in ihrem bis heute währenden Glück nicht stören wollen, lassen wir sie daselbst allein.

Wenden wir uns derweil dem zweiten Faulpelz zu.

In einer Bauernhütte führte er eine Ehe, die eigentlich keine Ehe war. Seine Frau arbeitete von früh bis spät, bestellte das Feld, scheu-

erte die Wohnung, wusch die Sachen, versorgte das Vieh und regte sich, bis es finster wurde. Wenn sie schlafen ging, war sie rechtschaffen müde. Der Mann aber saß untätig am Tisch und öffnete den Mund höchstens, um zu gähnen. Er war so träge, daß der Frau das Herz blutete.

Eines Morgens gemahnte sie den Faulpelz: »Ich verlasse dich jetzt, um das Geld zu verdienen, das wir zum Leben brauchen. Sitze nicht müßig herum! Wenn ich von der Arbeit komme, werde ich hungrig wie eine Wölfin sein. Sorge dafür, daß ich etwas zu essen habe!«

Der Mann hörte es, entgegnete aber nichts.

Da sagte die Frau: »Du bist nicht nur so faul, daß wir keine Kinder haben, sogar zum Sprechen bist du zu faul. Wenn ich doch einmal erlebte, daß du bis zum Abend Brot gebacken und einen Hammel gebraten hast.«

Während die Frau schwer arbeitete, hockte der Mann am Tisch und wartete darauf, bedient zu werden.

Zufällig kam ein Bettler des Weges, schaute durchs offene Fenster und erblickte ihn. Hier scheint es gleich einen leckeren Happen zu geben, dachte er, grüßte und fragte, ob er eintreten und am Schmaus teilnehmen dürfe.

Der Faulpelz blieb ihm die Antwort schuldig. Keine übermäßig herzliche Einladung, dachte der Mann, aber immerhin besser als eine freundliche Ablehnung, hielt das Schweigen für Zustimmung, ging hinein und atmete tief durch die Nase. Enttäuscht stellte er fest, daß weder etwas gebacken noch gebrutzelt wurde. »Mein Weg ist weit«, sagte er, »und Schmalhans ist bei mir Küchenmeister. Darf ich den Herrn um eine milde Gabe bitten?«

Der Faulpelz zuckte schweigend die Schultern.

Er ist im Kopf nicht ganz richtig, dachte der Bettler, ging zu den Hühnern hinaus, sammelte die frisch gelegten Eier, briet sie in Olivenöl und aß sie alle auf. Dann sah er sich um, fand einen großen Korb, packte hinein, was er gebrauchen konnte: kunstvoll geschmiedete Kupferkrüge, Trinkgefäße, eine Wasserpfeife. Er fing die Hühner ein, steckte sie in einen Sack, band den Esel los, ebenso den Hammel, trieb die Tiere vor sich her und zog mit Sack und Pack von dannen.

Der Faulpelz sah ihm träge nach.

Im nächsten Dorf erkundigte sich der Bettler nach einem Nachtquartier.

Ein Händler meinte: »Mein Nachbar, ein ziemlich alter Mann, bewohnt ein geräumiges Haus. Bei ihm kannst du vermutlich unterkommen.«

Als die Frau des Faulpelzes rechtschaffen hungrig vom Feld zurückkehrte, duftete es weder nach frischem Brot noch nach Hammelbraten. Ihr Mann saß schläfrig am Tisch und wartete auf das Abendessen.

Sie ging hinaus, um Eier zu holen, aber kein einziges war mehr da. Alle Hühner waren verschwunden, der Eselstall war leer, und auch die Hammel und alle wertvollen Gegenstände fehlten.

»Ist ein Fremder hiergewesen?« fragte sie. »Ein Vagabund, ein Dieb, ein Räuber?«

Der Faulpelz hockte reglos am Tisch und starrte vor sich hin.

Da wurde die Frau zornig, holte einen Stecken und trat an ihren Mann heran. »Ich will dich lehren, Maulaffen feilzuhalten und uns bestehlen zu lassen«, rief sie so drohend aus, daß dem Faulpelz der Schreck in die Glieder fuhr. Er duckte sich, schielte furchtsam den Stecken an und wies in die Richtung, die der Bettler eingeschlagen hatte.

Die Frau machte sich unverzüglich auf den Weg, erfuhr im nächsten Dorf, wo ein Fremder mit Sack und Pack, mit Schafen und einem Esel abgestiegen war, suchte den Alten auf und bat ihn, sich unter seinem Dach ausruhen zu dürfen. Sie sei den ganzen Tag gelaufen und zum Umfallen müde, vor dem Morgengrauen müsse sie weiterziehen.

Der Alte war einverstanden, daß die Frau in seinem Haus übernachtete.

Sie trat ein, traf auch richtig den Bettler an, und sie tranken zusammen Tee.

Dem Bettler gefiel die Frau. Wie sie wohl heiße, fragte er.

»Ich kann dir meinen Namen nicht nennen«, antwortete sie, »er ist zu komisch.«

Der Bettler ließ jedoch nicht locker, bat und bedrängte sie, bis sie schließlich erwiderte, daß man sie einfach Frau nenne.

»Das ist in der Tat töricht«, meinte er. »Eine Frau bist du, wie ich sehe, aber so zu heißen, geziemt sich nicht. Wenn du gestattest, werde ich dich heiraten, damit du einen rechten Namen hast.«

Es war schon spät, und die beiden legten sich hin.

Sobald die Frau merkte, daß der Bettler fest schlief, nahm sie den Korb mit ihren Sachen, den Sack mit ihren Hühnern, machte im Stall die Hammel und den Esel los und zog heim.

Der Bettler wurde wach, vermißte die Fremde, die er heiraten wollte. »Frau«, rief er so laut, daß es durchs ganze Haus schallte, »Frau, Frau!«

Da kam der Alte. »Wenn du eine Frau brauchst, such dir eine, aber störe meine Nachtruhe nicht!«

Inzwischen war die Frau zu Hause angelangt. Sie ließ die Hühner aus dem Sack, führte den Esel in den Stall, band die Hammel an, legte und stellte alle Sachen an ihren alten Platz. Danach weckte sie ihren Mann, griff zum Stecken und sprach: »Steh auf, du Faulpelz! Das Feld erwartet dich.«

Der Mann hatte keine Lust zu arbeiten, aber widersprechen mochte er noch weniger. So ging er zögernd aufs Feld.

Als er zurückkehrte, duftete es nach frischem Brot und Hammelbraten.

Er setzte sich an den Tisch und klagte: »Ich bin hungrig wie ein Wolf. Frau, bring mir das Essen. Sonst verhungere ich noch.«

Da lachte die Frau. »Du hast die Sprache wiedergefunden? Wie tüchtig mußt du gearbeitet haben, wenn du vor Hunger sogar redest. Nun, ich bin auch nicht untätig gewesen, damit du satt zu essen hast. Nur merk dir gut: Fängst du noch einmal zu faulenzen an, verlasse ich dich. Dann sitzt du am leeren Tisch, bis du stirbst.«

Die Frau trug das Abendessen auf, und nach dem Mahl gingen sie beide schlafen. Am nächsten Morgen standen sie gemeinsam auf.

Da der Mann nicht sterben wollte, zog er es vor, die Hände zu rühren, und so blieb es bis zum heutigen Tag.

Das Wunderinstrument

Es war einmal ein Padischah, der hatte vierzig Söhne. Vierzig Söhne, doch keine Tochter. Wer wüßte zu sagen, warum seine Frau nie ein Mädchen gebar? Indes, die Jungen, die sie ihm schenkte, sahen nicht nur gut aus, sie waren auch mutig und stark.

Die Jahre kamen und gingen, und eines Tages sprach der Padischah zu seiner Frau: »Mittlerweile sind alle herangewachsen. Selbst unser Letztgeborener ist im heiratsfähigen Alter. Es wäre an der Zeit, sich um geeignete Bräute zu kümmern.«

»Da hast du recht«, bestätigte die Mutter der Prinzen, »nur halte ich es für ein Unglück, wenn sie in verschiedene Familien einheiraten. Das würde wahrscheinlich zu Zwietracht führen. Zank und Streit wär die Folge von Mißgunst und Neid. Darum solltest du Eltern mit vierzig Töchtern suchen. Vierzig Brüder, vierzig Schwestern, das wäre die richtige Verbindung, eine günstige Voraussetzung für eine gesunde Wurzel, aus der ein kräftiger Baum wachsen könnte.«

»Sehr wahr«, entgegnete der Padischah und beschloß, dem Rat seiner Frau zu folgen. »Gewiß mag es schwierig sein, die gewünschte Sippe zu finden, aber ganz aussichtslos erscheint es mir nicht. Da in unserem Haus vierzig Brüder leben, wird es irgendwo in der Welt wohl vierzig Schwestern geben.«

Die nötigen Reisevorbereitungen wurden getroffen, vierzig goldene Verlobungsringe geschmiedet, festes Schuhwerk angeschafft, Proviant für die ersten Tage eingepackt, und ehe sich der Padischah mit seinem Großwesir auf den Weg machte, schlüpften sie beide in die Kleider armer Derwische, um unauffällig und unerkannt umherziehen zu können.

Zuerst durchwanderten sie das eigene Land. Wochen- und monatelang schlugen sie die verschiedensten Richtungen ein, fragten die Menschen im Norden, Süden, Osten, Westen, in der Mitte: »Wohnen hier vierzig ledige Schwestern? Kennt ihr ein Ehepaar, das vierzig unverheiratete Töchter hat?«

Doch so eifrig sie forschten, wo immer sie fragten, stets hieß es:

»Ja, wenn es vierzig Söhne wären, könnten wir euch helfen. Wir würden euch einfach zu unserm Herrscher schicken, dort wäret ihr am Ziel eurer Wanderschaft angelangt, aber von einer Familie mit vierzig Töchtern haben wir noch nie gehört.«

Als mehrere Monate verstrichen waren, sprach der Padischah zu

seinem Großwesir: »Jetzt weiß ich erst recht, wie groß mein Reich ist, vom langen Laufen bin ich rechtschaffen müde, und gleichermaßen ist mir klargeworden, daß wir meine Schwiegertöchter hierzulande nicht finden werden.«

»Nicht in Eurem Reich, mein Gebieter«, bestätigte der Wesir.

So versuchten sie ihr Glück in den Nachbarstaaten, wanderten auch dort von Ort zu Ort, fragten die Leute auf der Straße: »Gibt es bei euch vierzig ledige Schwestern? Kennt jemand ein Ehepaar, das vierzig unverheiratete Töchter hat?«

Und jedesmal hieß es: »Von einer Familie mit vierzig Töchtern haben wir noch nie gehört.«

Doch plötzlich stutzte ein alter Mann, ehe er nachdenklich murmelte: »Vierzig ledige Schwestern, sagt ihr? Ja, ja, die soll es geben. Jenseits freier Felder, bunter Städte, dunkler Wälder, wird gemunkelt.«

Diese Auskunft erfreute den Padischah und seinen Großwesir sehr. Frischen Mutes zogen sie weiter, und immer häufiger meinten die Leute: »Freilich, freilich, die gibt es. Hinter Feldern und Wäldern sind sie zu Haus.«

Tagaus, tagein ging es über Felder, durch Städte und Wälder, und einmal gelangten sie zu später Stunde in ein Dorf. Da der Abend nahte, setzten sie ihren Weg nicht fort, sondern erkundigten sich nach einem Nachtquartier. Scharenweise strömten Neugierige herbei. Sie umringten die Fremden, waren einer wie der andere freundlich zu ihnen, jeder bot etwas zu essen oder zu trinken an, und der Dorfschulze, der Muchtar, schlug vor, im Gästehaus zu übernachten. Damit waren die Wanderer einverstanden. Allerdings wollten sie ihr Lager selbst herrichten.

Doch dieses Ansinnen lehnte der Muchtar ab. »Davon kann keine Rede sein«, widersprach er. »Bei uns ist es nicht üblich, daß die Gäste ihre Betten machen. Wir sorgen für ihr Wohlbefinden.«

»Aber Gast ist nicht gleich Gast«, entgegnete der Padischah, »eines schickt sich nicht für alle. Wären wir zwei hochgestellte Persönlichkeiten, etwa Padischah und Großwesir, würden wir solche Liebenswürdigkeit zu schätzen wissen. Doch wir sind nur arme Derwische und nicht gewöhnt, uns bedienen zu lassen.«

»In unserem Gästehaus ist ein Derwisch König.«

Der Padischah und der Großwesir bestanden darauf, ihre Betten selbst herzurichten. Der Dorfschulze wollte sie nicht gewähren lassen, und als er sich lange Zeit standhaft geweigert hatte und in einer Hütte nach der anderen schon die Lichter ausgingen, gaben die Besucher schließlich klein bei.

Der Muchtar machte ihre Betten und bat sie, zur Ruhe zu gehen. »Ich muß mich überzeugen, daß ihr bequem liegt und es euch an nichts fehlt«, sagte er.

Doch wie verblüfft bemerkte er, daß unter den ärmlichen Derwischsachen kostbare Kleider und ein Prunkgewand zum Vorschein kamen. »Mein Gebieter«, stammelte er, »wo hatte ich nur meine Augen? Warum war ich so mit Blindheit geschlagen? Ich flehe Euch an, einem Esel seine Torheit nachzusehen.«

»Was bedarf denn der Nachsicht?« fragte der Padischah. »Du hast nichts Unrechtes getan. Unerkannt zu bleiben war unser Ziel. Zu diesem Zweck, nicht dich auf die Probe zu stellen, haben wir uns verkleidet, und nur deiner Gastfreundschaft ist es zu danken, daß unsere Absicht durchkreuzt wurde.«

»Aber Ihr seid nicht der Padischah meines Landes. Was begehrt Ihr hier? Was führt Euch her?«

»Ach, Muchtar, kannst du nicht bis morgen schweigen? Weshalb möchtest du das heute wissen? Ehe wir dein Dorf verlassen, wollten wir uns umhören, ob in der Umgebung eine Familie mit vierzig Töchtern lebt. Doch gut, hast du uns nun einmal unvermummt gesehen und fragst so direkt, sollst du auch jetzt eine Antwort erhalten und die volle Wahrheit erfahren. Ich habe vierzig Söhne, jeder gut geraten, mutig und stark, im heiratsfähigen Alter, aber alle noch unvermählt. Deshalb bin ich mit meinem Großwesir ausgezogen, um auf Brautschau zu gehen. Dem Gerede der Leute nach muß es in dieser Gegend vierzig Schwestern geben.«

»O ja, die gibt es, und zwar an diesem Ort. Mein Padischah, Euch schickt der Himmel. Der Mann, der vierzig Töchter hat, steht vor Euch, und falls es nicht vermessen ist, will ich mit Vergnügen einverstanden sein, daß sie Euren Söhnen angetraut werden.«

»Vermessen? Nachdem ich endlich gefunden habe, was ich monatelang vergeblich suchte? Muchtar, Effendi, ich bin erfreut, wie schnell wir uns geeinigt haben. Laß schon bald die Verlobung sein!«

»Sehr wohl, mein Padischah, sehr wohl, dafür sorge ich von Herzen gern«, erwiderte der Dorfschulze aufgeräumt. Singend und springend eilte er davon, um seiner Frau und den Töchtern die frohe Botschaft zu überbringen.

Am nächsten Morgen trat der Ältestenrat zusammen. Der Muchtar weihte die Ratsmitglieder in seine Pläne ein. Wie ein Lauffeuer verbreitete sich die Kunde von der bevorstehenden Verlobung, und ehe eine Stunde verstrichen war, hatte es sich im ganzen Dorf herumgesprochen: »Die beiden Männer, die bei uns abgestiegen sind, haben mit Derwischen nur die äußere Hülle gemein. Der eine ist ein Padischah, der andere sein Großwesir. Wie bitte, was? Was sagt ihr da? Ein Padischah? Sein Großwesir? Ein Padischah, sein Großwesir! Ein Padischah, sein Großwesir ...«

Der Padischah aber berichtete den guten Leuten, daß er gekommen sei, um die vierzig Töchter des Muchtar mit seinen vierzig Söhnen zu verloben, und rief sie alle auf, an der Feier teilzunehmen. »Meint ihr nicht, daß ein so großes Fest Anlaß zu allgemeiner Freude ist?«

Er predigte keinen tauben Ohren. Das ganze Dorf folgte der Einladung. Krüge mit kaltem, süßem Scherbett machten die Runde. Riesenmengen des köstlichen Fruchtsaftgetränks wurden genossen.

Die Töchter des Muchtar zogen ihre schönsten Kleider an, und der Padischah reichte ihrem Vater vierzig goldene Ringe. »Gib sie den Mädchen! Ich erwarte dich im Gästehaus.«

Der Muchtar nahm die Ringe entgegen, streifte sie seinen Töchtern, bei der ältesten angefangen, auf den Finger. Die Kinder küßten den Eltern die Hände, Vater und Mutter küßten den Mädchen Stirn und Wange und wünschten ihnen viel Glück.

Zum Abschluß der Feier sammelte der Muchtar die Ringe ein, gab sie, nach dem Alter seiner Töchter geordnet, dem Padischah, und so waren die Väter einem alten Brauch gefolgt und hatten Töchter und Söhne miteinander verlobt, ohne daß sich die Kinder je von Angesicht zu Angesicht gegenübergestanden hätten.

Am nächsten Morgen sprach der Padischah vor dem Aufbruch zum Muchtar und allen Dorfbewohnern: »Ich bin ein alter Mann. Die weite Strecke bereitet mir Mühe. Da ich sie nicht noch einmal zurücklegen möchte, kommen meine Söhne allein. Mögen sie die Mädchen holen. In meinem Palast wollen wir die Vermählung gebührend würdigen. Zur Hochzeitsfeier ist ein jeder herzlich eingeladen.«

Die Dorfbewohner begleiteten ihre Gäste über die Dorfgrenze hinaus und verabschiedeten sich von dem Padischah und seinem Großwesir, die nach beschwerlicher Wanderung wohlbehalten in der heimatlichen Residenz anlangten.

Dort ließ der Padischah seine Ehefrau rufen, versammelte die Söhne um sich und sprach: »Meine Söhne, damit es zwischen euch nicht Zank und Streit gibt, hatten eure Mutter und ich beschlossen, daß ihr vierzig Schwestern heiraten werdet. Diese Mädchen zu suchen, bin ich mit meinem Großwesir durch viele Länder gewandert, und heute sollt ihr wissen, daß eure zukünftigen Gemahlinnen gefunden sind. Meine Söhne, hiermit gebe ich eure Verlobung bekannt.«

Er reichte jedem den Ring seiner Braut, und die dankbaren Söhne küßten den Eltern die Hand. Dann bestellte der Padischah bei den besten Wagenbauern seines Landes vierzig Kutschen, alle geräumig und bequem, gut gefedert, mit dicken Teppichen ausgelegt, mit glänzender Seide verkleidet.

Als die Kutschen bereitstanden, wählten die Brüder Diener und

Soldaten für ihre Begleitung aus. Rassige Pferde wurden angeschirrt, und bald sahen die Eltern vom Palast aus nur noch eine Staubwolke, die sich rasch entfernte, immer kleiner wurde und bald gänzlich verschwand.

Ihre Söhne aber fuhren zügig weiter, reisten den ganzen Tag ihrem Ziel zu.

Gegen Abend bemerkten sie einen graubärtigen Mann, der am Straßenrand stand und ihnen durch Zeichen zu verstehen gab, daß sie anhalten sollten. »Meine Söhne«, sprach der Unbekannte, »ich wünsche euch eine glückliche Fahrt und eine gesunde Wiederkehr, doch befolgt bitte meinen Rat. Bald kommt ihr an eine Wiese, die zum Verweilen einlädt, weil das Gras mannshoch steht und wunderschön saftig ist. Beachtet es nicht, übernachtet dort nicht, sucht euch eine andere Raststätte aus! Auf der grünen Wiese lauert das Unheil wie im Netz die Spinne.«

»Gut, soweit haben wir verstanden, doch welche böse Überraschung hätten wir zu erwarten?« fragten alle vierzig Brüder zugleich.

Der Alte antwortete nicht, sondern verschwand so plötzlich, wie er aufgetaucht war.

Weiter ging die Reise bis hin zu der Wiese, die der graubärtige Mann beschrieben hatte. Es war ein duftiger Anger, auf dem das hohe Gras einladend grünte. »Hier bleiben wir«, riefen einige der Brüder wie aus einem Munde, und die ersten Pferde wurden ausgeschirrt.

Freilich widersprach der jüngste von ihnen: »Habt ihr die Warnung des Graubarts vergessen?«

Die anderen waren des Spottes voll. »Der Alte wollte sich bloß wichtig machen. Auf einem Lager voll Brennesseln und Disteln sollen wir uns wälzen, statt weich gebettet zu sein und süß zu träumen. Der Graubart hat sich einen Scherz erlaubt. Glaub nur, jetzt lacht er sich ins Fäustchen.«

Die Zelte wurden aufgeschlagen, die Pferde versorgt, Abendessen und Getränke eingenommen. Einem Prinzen nach dem andern fielen die Augen zu. Nur der jüngste mußte an die Mahnung des alten Mannes denken und verbrachte eine schlaflose Nacht.

Seine Brüder erhoben sich am Morgen ausgeruht, und während die Zelte abgebrochen wurden, frohlockten sie: »Da siehst du, daß es leere Worte waren. Man darf nicht alles glauben, was die Leute reden. Statt dir das einfältige Geschwätz des Alten anzunehmen, hättest du lieber auf einem sanften Ruhebett liegen sollen. Dann wärst auch du jetzt frisch und munter.«

Nachdem sie alle gefrühstückt hatten, fuhren sie weiter. Eine lange Reihe von Tagen waren sie unterwegs, doch endlich trafen sie am Reiseziel ein. Die Dorfbewohner begrüßten sie freudig, und der Muchtar umschwirrte sie wie eine Biene die Blüten eines Rosenstocks.

Dann wurde gegessen, getrunken, geschlafen. Am nächsten Morgen machte der Muchtar die künftigen Schwiegersöhne mit seinen Töchtern bekannt. Die Bräute kleideten sich festlich ein, schafften ihre Aussteuer in die Kutschen, und die Kolonne verließ den Ort. Alle Einwohner gaben den Scheidenden über die Dorfgrenze hinaus das Geleit und verabschiedeten sich.

Pfeilschnell jagten die Gespanne dahin, doch gegen Abend stand plötzlich wieder der Graubärtige da, machte ihnen Zeichen, anzuhalten, und sprach: »Meine Jünglinge, hört mir gut zu! Ich riet euch, die einladende Wiese zu meiden. Ihr habt meine Warnung in den Wind geschlagen und dort übernachtet. Tut das nicht noch einmal. Ihr würdet es bereuen. Ehe ihr wüßtet, wovor ich euch warnen wollte, könnte es für euch zu spät sein.«

Nachdem der Mann das gesagt hatte, schien er sich in Luft aufzulösen. Die Brüder beachteten seine Worte nicht weiter, sondern fuhren zu der saftigen Wiese, um wieder bequem und angenehm zu übernachten. Die Pferde wurden ausgespannt, die Zelte aufgeschlagen, Abendessen, Getränke eingenommen, und einem nach dem andern fielen die müden Augen zu.

Nur der jüngste der Prinzen lag wach in seinem Zelt, dachte über die Mahnung des graubärtigen Mannes nach und fand keine Ruhe. Als es ihm zu eng und zu heiß wurde, ging er hinaus, um frische Luft zu schöpfen. Draußen hörte er, wie diejenigen, die ihn verlacht hatten, tief und gleichmäßig atmeten. Da kehrte er beruhigt in sein Zelt zurück.

Doch kaum hatte er sich ausgestreckt, als ihn ein seltsames Geräusch auffahren und wieder hinaustreten ließ. Wie er so dastand, bemerkte er, daß sich trotz des Vollmondes die Welt um ihn her verdunkelte, daß alles schwarz wurde und die Erde bebte.

»He, wer da?« rief er, nichts Gutes ahnend, in die Finsternis.

»Ejderha, der Drache«, verkündete eine schreckliche Stimme. »Alles Land, das du siehst, diese Wiese, die Hügel, die Berge – alles gehört mir. Bis sieben Schichten in die Tiefe, bis sieben Schichten in den Himmel erstreckt sich mein Reich, in dem ich der Herr bin. Was ich befehle, geschieht. Was ich nicht erlaube, bleibt ungeschehen. Kein Vogel fliegt vorüber, wenn ich es nicht will. Wie könnt ihr es wagen, euch gegen mein Gebot hier breitzumachen? Ungebeten eingedrungen, blindlings in den Tod gesprungen.«

Ein urgewaltiges Drachenlachen dröhnte über die Wiese und brach sich so schaurig an den Felswänden, daß alle Schläfer mit einer Gänsehaut erwachten und kein Wort hervorbrachten.

Nur dem jüngsten der Prinzen hatte das gräßliche Gebrüll nicht die Sprache verschlagen. »He, Drache, kennst du kein Fünkchen Mitleid?« fragte er furchtlos. »Du siehst, meine Brüder können schon nicht mehr reden. So ist ihnen der Schreck in die Glieder gefahren. Warum schenkst du ihnen nicht das Leben?«

»Du hast eine ziemlich lose Zunge«, entgegnete der Drache zufrieden. »Weil du dreist bist, will ich dich bei mir behalten. Einen kühnen Burschen wie dich suche ich schon lange. Bleibst du mit deiner Verlobten hier und bist bereit, mir zu helfen, lasse ich die anderen ungeschoren. Wenn nicht, müssen sie sterben.«

»Dann sollen sie ziehen, damit sie Vater und Mutter berichten, was geschehen ist. Meine Braut und ich, wir bleiben. Komme, was wolle, ich helfe dir.«

Der Drache hob dic Spitze seines Schwanzes an. Hals über Kopf wurden die Zelte abgebrochen, und neununddreißig Prinzen jagten wie besessen davon. Sie fuhren und fuhren, und als sich der Horizont rot färbte, zeichnete sich der Kopf des Drachen gegen den Himmel ab, und erbarmungslos trieben sie die erschöpften Gäule weiter

zur Eile an. Einige strauchelten schon, drohten zu stürzen, da stieß die Karawane auf eine Wasserstelle, und die Tiere, die dem Verdursten nahe waren, wurden endlich getränkt.

Während die Diener die Zelte aufschlugen und die Prinzen für die Nacht rüsteten, dachten sie zum erstenmal an ihren kleinen Bruder, von dem sie sich nicht verabschiedet hatten. Was sollten sie dem Vater berichten, wie ihm erklären, warum der Letztgeborene und seine Braut nicht bei ihnen waren? Hierüber grübelten sie angestrengt.

Nachdem sie es reiflich hin und her überlegt hatten, meinte einer: »Daß wir ihn im Stich gelassen haben, können wir nicht sagen. Die Eltern würden es uns nie verzeihen. Also drehen wir den Spieß einfach um und erzählen, er habe uns erklärt: Ich bin erwachsen. Ich habe keine Lust mehr, mich von Vater und Mutter bevormunden zu lassen. Ich verlasse euch, um mein eigener Herr zu sein; denn ich will künftig unabhängig leben.«

»Ja, so stellen wir es hin«, riefen die anderen beifällig, und alle schliefen erleichtert ein.

Na gut, lassen wir die treulosen Brüder schlafen, wenden wir uns dem jüngsten Prinzen zu. Da sehen wir: Er und seine Braut besteigen gerade den höchsten Berg, den es im Reich des Drachen gibt, denn das Ungeheuer hat befohlen: »Setzt euch auf meinen Rücken!« Um das tun zu können, müssen sie diesen Gipfel erklimmen. Als sie oben angelangt und zum Rücken des Drachen hinübergeklettert sind, geht es ab in die Lüfte. Höher, immer höher segeln sie empor, dorthin, wo an trüben Tagen der Sturmwind schwere Regenwolken vor sich her wälzt, und darüber hinaus. Hand in Hand sitzt das Liebespaar auf dem schuppigen Rücken. Vom blauen Himmel herab betrachtet es die Welt, die kleiner und kleiner wird.

»Was gibt es unten zu sehen?« fragt der Drache.

»Einen rotgelbgrünen Fleck, fünf oder sechs Handbreit, so etwas wie einen fernen Garten.«

Noch weiter aufwärts steigt der Drache. »Und jetzt?«

»Jetzt ist der rotgelbgrüne Fleck klein wie ein Blättchen, das man sich auf die Hand legen kann.«

Von diesem Augenblick an beginnt der Abwärtsflug. Was soeben noch wie ein Blatt ausgeschaut hat, verwandelt sich in einen blühenden Garten, der ihnen entgegenrast, und das geschieht so schnell, daß dem Liebespaar fast die Sinne schwinden, weil es auf die Erde zu stürzen glaubt. Seufzend machen beide die Augen zu. Als sie sie wieder aufschlagen, gibt es einen sanften Ruck, und sie erblicken einen riesigen Palast.

Es ist ein Gebäude, in dem hundert Menschenschlösser Platz finden würden. Ein eisernes Tor, groß wie eine Felswand, versperrt den Eingang. Die Gräser im Garten stehen hoch wie die Bäume des Waldes.

»Hier bin ich zu Haus«, erklärt der Drachen, »eine Wohnung recht nach meinem Geschmack, ganz für mich geschaffen, wo mir völlig wohl ums Herz sein könnte, wenn ich nur das Wunderinstrument hätte. Weiter fehlt mir nichts zu meinem Glück.«

»Ein Wunderinstrument?« fragen der Prinz und seine Braut erstaunt.

»Ja«, spricht der Drache und weiht sie in ein Geheimnis ein.

»Wer mich kennt, beneidet mich um meinen Palast. Jeder meint, ich müßte mit meinem Los zufrieden sein, weil es mir an nichts mangelt. Niemand weiß, daß es etwas gibt, was ich entbehre, und das ist der Schlaf. Hört, ihr Menschenkinder, ich liebe Musik, und da ich sie missen muß, flieht mich der Schlaf. Wie ihr seht, lebe ich allein. Wenn mich Langeweile plagt oder Weltschmerz packt, suche ich Erfüllung in Musik. Doch freiwillig kommen keine Musikanten her, und von mir gezwungen, spielen sie vor Angst so schlecht, daß es mich noch trauriger stimmt. Des Feenpadischahs Tochter aber besitzt ein Wunderinstrument, bei dessen Klang alles so still und schön wird, daß man beruhigt einschlummern kann, sobald es ertönt. Seit vielen Jahren weiß ich nicht mehr, was es heißt, vom Schlaf erquickt zu werden. Darum vergehe ich vor Sehnsucht nach dem Wunderinstrument, und du, mein Prinz, wirst es mir beschaffen. Ich gebe dir vierzig Tage Zeit. Hast du es mir bis dahin gebracht, bist du samt deiner Verlobten frei, und aus meinem Palast dürft ihr euch nehmen, was euer Herz begehrt. Aber versuche nicht, mich zu hintergehen. Ich würde dich finden, und der Tod wäre dir gewiß.«

Da sieht der Prinz, daß er keine Wahl hat. Wohl oder übel muß er dem Drachen gehorchen. Eines heiteren Morgens verabschiedet er sich, um sein Glück zu versuchen. Tage- und wochenlang bezwingt er Berge, Flüsse, Schluchten, ernährt sich von den Früchten der

Wälder, trinkt klares Quellwasser, und dort, wo die Natur mit ihren Gaben geizt, sucht er nicht lange, sondern verzichtet darauf, Hunger und Durst zu stillen. Keine Stunde will er verlieren, keine Minute seiner kostbaren Zeit. Rastlos vorwärts eilt er zwischen Morgengrauen und finsterer Nacht. Doch eines Abends bleibt er wie angewurzelt stehen.

Tausende und aber Tausende von Ameisen sind über einen Bach gekommen, um diesseits Beute zu sammeln und ans andere Ufer zu schleppen, aber als sie zurücklaufen wollen, hat die Strömung ihre kleine Brücke fortgerissen. Sie legen die Lasten ab, versuchen, eine neue Übergangsstelle zu errichten, und ihr emsiges Treiben fesselt den Prinzen. Wie gebannt sieht er den Tieren zu, bis das Mitleid stärker als die Neugier wird. Danach hält es ihn nicht länger. Geschickt legt er seinen Stock über den Bach und freut sich, daß die Ameisen ihre Beute nun sicher ans andere Ufer tragen können. Erst als die letzte drüben ist, nimmt er seinen Stock wieder an sich und springt selbst hinüber.

Inzwischen hat der Ameisenpadischah erfahren, was beim Bach geschehen ist. Er stützt sich auf seine Krücken, zieht das verkrüppelte Bein an, befiehlt, den gutherzigen jungen Mann zu ihm zu bringen, und als der gefunden ist, spricht er zu ihm: »Weder Zeit noch Mühe hast du gescheut, um meinem Volk zu helfen. Dafür sollst du belohnt werden. Äußere freimütig einen Wunsch.«

»Mein Padischah, was ich getan habe, ist nicht der Rede wert, aber wenn du darauf bestehst, daß ich etwas wünsche, dann sei es deine Gesundheit und viel Glück für dein fleißiges Volk.«

»So gratuliere ich deinem Vater, der dich zu Bescheidenheit und Großmut erzogen hat, und dir schenke ich drei Ameisenflügel. Nimm und behüte sie gut!«

Ein merkwürdiges Geschenk, denkt der Prinz, bedankt sich, steckt die Flügel ein und trifft Anstalten, Lebewohl zu sagen, da bemerkt der Ameisenpadischah noch: »Gerätst du in Schwierigkeiten, mußt du sie verbrennen, damit meine flinken Scharen dir zu Hilfe eilen.«

Hierauf scheiden sie voneinander. Der Wanderer schreitet rüstig aus. Manchmal ißt er ein paar Beeren, trinkt von einer kühlen Quelle, legt sich zu kurzer Nachtruhe ins Gras, und schon setzt er seinen Weg fort. Doch als er drei streitende Jungen trifft, verweilt er wie bei den Ameisen am Bach.

»He, ihr Streithammel, was soll dieser Krach? Wollt ihr wohl Ruhe geben! Was für ein scheußliches Benehmen, laut zu krakeelen, statt lieb und nett zueinander zu sein.«

»Wir sind Brüder, Onkel, Brüder. Unser Vater ist gestorben. Einen Stock, einen Ring, eine Flöte hat er uns vermacht. Nun können wir nicht einig werden, das Erbe gerecht aufzuteilen.«

»Um wertlosen Plunder so ein Geschrei?«

»Ach, wenn es Plunder wäre, hätten wir längst Frieden miteinander gefunden, Onkel, aber unser lieber Vater war vom Glück gesegnet. Etwas ganz Besonderes hat er uns hinterlassen. Setzt du dich auf den Stock, bringt er dich an jeden beliebigen Ort. Trägst du den Ring am Finger, bist du unsichtbar. Pustest du einmal in die Flöte, fliegen leckere Speisen heraus, bläst du zweimal hinein, erscheint ein schwarzer Mann, der tut für dich alles, was du gebietest. Begreifst du nun, warum es uns so schwerfällt, zweien dieser Zauberdinge zu entsagen?«

»Ja, das habe ich jetzt verstanden«, entgegnet der Prinz und erbietet sich, drei Speere zu schnitzen. »Für jeden von euch einen«, erklärt er. »Wer am weitesten wirft, erhält den Stock. Wer seinen zuerst zurückbringt, dem gehört die Flöte. Der dritte bekommt den Ring.«

Dieser Vorschlag gefällt den Brüdern. Der Prinz schnitzt die Speere, reicht sie ihnen, gibt das Zeichen zum Wurf, und schon sausen die Jungen los, ein jeder hinter seinem Speer her, der klein wie ein Punkt noch am Himmel zu sehen ist.

Der Prinz schaut ihnen nach, bis sie in der Ferne verschwunden sind. Dann läßt er sich nieder und wartet. Stunde um Stunde verrinnt, ohne daß sich einer der Jungen blicken ließe. Als es dunkel wird, glaubt der Prinz nicht mehr, daß sie noch zurückfinden werden. Wahrscheinlich haben sie sich verirrt, denkt er, steckt einen Finger durch den Ring, haucht in die Flöte, doch so behutsam, daß weder etwas zu essen noch beim zweitenmal ein schwarzer Zauberer herauskommt, setzt sich auf den Stock und erhebt sich in die Lüfte.

Die Jungen aber haben sich nicht verirrt. Sie sind nur vom langen Lauf müde geworden und schlafen erschöpft unter dem klaren Sternenhimmel. Am Morgen erwachen sie, kehren nacheinander an den Punkt zurück, von dem aus sie gestartet sind. Als sie sich alle drei versammelt haben, sehen sie: Der Fremde hat die Stelle verlassen und die Erbstücke mitgenommen. Doch sie grämen sich nicht, sondern sagen einander zum Trost, daß sie nun keinen Grund zum Streit mehr haben, und sind wieder ein Herz und eine Seele wie vor dem Tod ihres Vaters.

Inzwischen hat der Prinz eine Riesenstrecke zurückgelegt. Ab und zu erblickt er einige Häuser, die ihm aus seiner Höhe wie winziges Spielzeug erscheinen, hin und wieder auch einen See, klein wie eine blaue Pfütze, oder einen Wald, der wie ein ausgebreitetes grünes Tuch daliegt. Nachdem er viele Stunden auf die Erde geschaut hat, plagt ihn die Langeweile, und er schießt zum Zeitvertreib ein paar Pfeile ab. Natürlich ahnt er nicht, daß sich gerade in diesem Augenblick unten der Löwenpadischah vor seinem Palast hingestreckt hat und der Pfeil die linke Pranke trifft, aber er hört das Gebrüll, das der verwundete König ausstößt.

So groß ist der Schmerz des Verletzten, daß sein Wehgeschrei Himmel und Erde erzittern läßt, doch plötzlich verstummt er, weil ihm die Sinne schwinden.

Es muß sich doch feststellen lassen, was da passiert ist, denkt der Prinz neugierig, streift den Ring vom Finger, landet in der Nähe des Palastes und erkennt, was er angerichtet hat. Bereitwillig eilt er dem Ohnmächtigen zu Hilfe.

Wenige Minuten später kommt der Löwe zu sich, leckt seine Wunde, bemerkt den Pfeil und den Menschen, der ihn von seinem Schmerz befreit hat, und spricht: »Hab Dank für deinen Dienst, Bruder Mensch. Für deine mitleidvolle Tat will ich dich belohnen. Äußere einen Wunsch! Ich werde ihn erfüllen.«

»Ich habe nichts getan, dessen ich mich rühmen könnte«, entgegnet der Prinz, »aber wenn du darauf bestehst, daß ich etwas wünsche, so sei es deine Gesundheit, mein Padischah, und ein langes Leben.«

Der Löwenpadischah schüttelt verwundert die Mähne, denn soviel Großmut hat er nicht erwartet.

»Ich gratuliere deinem Vater, der dich zu Bescheidenheit erzogen hat. Es gefällt mir, daß du nicht nur hilfsbereit bist, sondern auch Genügsamkeit der Habgier vorziehst. Nimm wenigstens drei Haare aus meinem Fell! Gerätst du in Not, verbrenne sie. Dann verleihen sie dir die Kräfte eines Löwen.«

Der Prinz bedankt sich, steckt die Löwenhaare ein, nimmt Abschied, setzt sich auf den Zauberstock und erhebt sich in die Lüfte.

Nach einer Weile verraten ihm die Sonnenstrahlen gleißende Kuppeln, die unter ihm blinken und blendend blitzen. Das könnte der Palast des Feenpadischahs sein, denkt der Prinz, landet und stellt zufrieden fest, daß er sich nicht getäuscht hat. Die Türme, Kuppeln und Dächer des prunkvollen Bauwerks bestehen alle aus purem Gold.

Auf seinem Weg zu dem glanzvollen Palast begegnet der Prinz einem alten Mann, der einen Esel reitet. »Vater, glaubst du, daß mich der Feenpadischah vorläßt?« erkundigt er sich.

»Bis jetzt hat er niemanden empfangen. Kein Mensch hat ihn je zu Gesicht gekriegt, aber versuche ruhig dein Glück, mein Sohn, vielleicht, daß du mehr Erfolg als andere hast«, antwortet der Mann und reitet weiter.

Der Prinz setzt den Ring wieder auf, damit er unsichtbar wird, schreitet durch die Pforte, durchquert den Garten und erreicht unbemerkt das Portal, vor dem viele Wächter stehen. Flinke Dienerinnen eilen hin und her, und wenn er nicht rechtzeitig zur Seite spränge, würden sie ihn streifen oder anstoßen.

Wie er die Wächter betrachtet, den leichtfüßigen Dienerinnen ausweicht und überlegt, ob er eintreten soll, hört er aus dem oberen Stockwerk ganz lieblichen Gesang, begleitet von köstlicher Musik. Er läßt sich vom Klang der Stimme leiten, folgt einer zierlichen Magd die Treppe hinauf, gelangt in ein freundliches Gemach und gewahrt ein Mädchen von so vollendeter Schönheit, daß es nur die Tochter des Feenpadischahs sein kann. Ihre Anmut verzaubert den Raum, ihr Liebreiz belebt die Seide, das Mosaik, die Kissen, die

Decken des weichen Diwans, der ihr als Ruhestatt dient. Auf dem Tisch liegt das Wunderinstrument, und seine Melodie begleitet nicht nur den Gesang der Prinzessin, sondern entzückt auch draußen die Vögel, die laut jubilieren. Alles ist licht und schön und belebt das Gemüt wie die liebe Sonne. Farbenfroh gekleidete Feenmädchen huschen durch das Zimmer, beschwingt, als schwebten sie über den Fußboden. Der Prinz weidet sich an dem Anblick all des Schönen, lauscht versunken der Musik und wagt vor Andacht kaum zu atmen.

Nach einer Weile hört die Feenprinzessin zu singen auf. Sogleich verstummt das Wunderinstrument, und im Garten schweigen die Vögel.

Feenmädchen tragen zahlreiche Speisen herbei. Die Prinzessin nimmt, wie sie es gewöhnt ist, von jedem Tablett nur einen Bissen. Der unsichtbare Prinz dagegen langt tüchtig zu, und die Mägde freuen sich, daß es der Prinzessin endlich einmal gut zu schmecken scheint.

In einer zierlichen Porzellantasse wird Kaffee gebracht. Die Prinzessin nippt davon. Der durstige Prinz aber leert sie in raschen Zügen. Da der Kaffee heiß ist, schlürft er beim Trinken und erschreckt die Prinzessin mit dem Geräusch.

Sie blickt in die Tasse, die fast randvoll gefüllt war, als sie abgesetzt wurde, will zum Henkel greifen und erfaßt eine Hand.

»Wer bist du?« flüstert sie bang. »Ein Geist? Ein Zauberer? Ein Gespenst?«

Der Prinz streift den Ring ab. »Ein Mensch«, antwortet er und erzählt ihr, was er erlebt hat, auch wie und weshalb er in den Palast gekommen ist.

Die Prinzessin sieht ihn mitfühlend an. »Ich möchte dir gern helfen, nur – ohne die Erlaubnis meines Vaters darf ich dir das Instrument nicht geben. Aber hinter dem Palast wohnt in einer Hütte aus Holz eine gute alte Frau, der er schwer einen Wunsch abschlagen kann, weil er sie von Herzen gern hat. Wenn du zu ihr gehen möchtest, beschreibe ich dir den Weg. Sie ist klug und weise. Bestimmt weiß sie auch dir einen Rat.«

»Dein Vorschlag gefällt mir«, sagt der Prinz, hört sich an, wie er zu der Hütte gelangen kann, bedient sich seines Ringes, macht sich ungesehen auf den Weg, findet die Hütte, klopft an und tritt ein.

Die Frau ist vom hohen Alter gebeugt, aber von Lebenslust erfüllt. Ihre dunklen Augen blitzen fröhlich. »Du tust mir leid, mein Söhnchen«, spricht sie, nachdem er seine Geschichte erzählt hat. »Ich bin mir nicht sicher, ob ich dir helfen kann, aber ich will es versuchen. Laß mich nur sehen, was sich machen läßt.«

Sie geht zum Feenpadischah, berichtet, was sie von den Nöten des jungen Mannes erfahren hat, und kehrt mit einer freudigen Botschaft zurück: »Du sollst ihn besuchen. Nichts Böses wird dir widerfahren. Er verspricht es. Kein Haar wird dir gekrümmt.«

Der Prinz bedankt sich bei der Alten und bricht unverzüglich zum Feenpadischah auf.

Der Herrscher empfängt ihn gnädig, erklärt jedoch: »Du kannst das Instrument erwerben, wenn du drei Bedingungen erfüllst. Als erstes hast du gegen einen bärenstarken, riesengroßen Burschen zu kämpfen. Bezwinge ihn, dann wird dir deine zweite Aufgabe gestellt.«

Der Prinz macht sich unsichtbar, verbrennt die drei Haare, gewinnt Löwenkräfte und stellt sich dem Herausforderer zum Kampf. Mit einem einzigen Schlag streckt er ihn zu Boden.

»Ich hätte nie geglaubt, daß du deinen Gegner so leicht bezwingen würdest«, sagt der Padischah, »nun zeige, daß du nicht nur die Kräfte eines Löwen hast, sondern auch wieselflink sein kannst.«

Man führt den Prinzen in eine Kammer, in der Weizen- und Gerstenkörner wirr durcheinander liegen. Bis zum Morgen soll er das Getreide sortiert haben.

Das schaffe ich bis an mein Lebensende nicht, sagt er sich und betrachtet ratlos den goldgelben Haufen. Da fallen ihm die Ameisenflügel ein. Er breitet sie behutsam auf der flachen Hand aus, verbrennt sie, und schon kommen Millionen Ameisen durch den Türspalt gekrochen. Ein unheimlich reges Gekribbel und Gekrabbel setzt nun ein. Am Morgen sind Gerste und Weizen voneinander geschieden.

Erste Röte überzieht den Himmel, da öffnet der Padischah schon die Tür der Kornkammer und traut seinen Augen nicht. »Du bist stärker als mein stärkster Mann, flinker als die flinkeste Frau in meinem Reich. Nun zeige, daß du auch schneller als mein schnellster Läufer sein kannst, und das Wunderinstrument ist dein.«

Von einem Baum auf dem fernsten Berg des Landes soll der Prinz binnen Tagesfrist einen goldenen Apfel holen. Da es dorthin eine gewaltige Strecke ist und sich die Aufgabe nicht einmal mit Hilfe des Zauberstocks erfüllen läßt, pustet er zweimal in die Flöte. Sogleich schlüpft der dienstbare Geist heraus.

»Du hast mich gerufen, mein Gebieter? Was befiehlst du mir zu tun?«

Der Prinz äußert seinen Wunsch, und nach wenigen Minuten liegt der goldene Apfel in seiner Hand. Er bringt ihn dem Padischah, der sich nicht genug wundern kann, aber Wort hält. Er gibt ihm einen goldenen Ring und spricht: »Bring den meiner Tochter zum Zeichen, daß du die drei Aufgaben gelöst hast und das Wunderinstrument fortan dir gehört.«

Der Prinz läuft zur Prinzessin, tauscht den Ring gegen das Instrument ein, verabschiedet sich herzlich und setzt sich auf seinen Zauberstock, mit dem er wohlbehalten vor dem Palast des Drachens landet.

Der Drache ist natürlich außer sich, vollführt einen Freudentanz, hüpft bis an die Wolken heran und singt:

»Mein sehnlichster Wunsch ist endlich erfüllt, meine größte Sehnsucht ist gestillt. Vierzig Tage hattest du Zeit, nach neununddreißig ist es soweit. Was du und deine Braut begehren – nehmt es, euch soll es gehören.«

»Wenn ich einen Wunsch äußern darf, so sei es für dich die lange vermißte, ersehnte Ruhe«, entgegnet der Prinz, und das Wunderinstrument erklingt.

Während der Drache, eine hübsche Melodie summend, endlich in einen wohltuenden Schlaf sinkt, verläßt das Liebespaar glücklich und dankbar den Palast.

In der heimatlichen Residenz aber ist inzwischen mancherlei geschehen. Die neununddreißig Brüder sind heimgekehrt. Sie erzählten dem Vater ihre Lügengeschichten, die ihnen der Padischah auch glaubte.

Als nun sein jüngster Sohn mit der Braut von dem Zauberstock zu ihm getragen wird, empfängt er ihn ziemlich mürrisch. »Da bist du ja. Ich hörte doch, du wolltest dich selbständig machen.«

Der Heimgekehrte berichtet, was ihm widerfahren ist, und als der Herrscher erfährt, daß seine älteren Söhne ihn belogen haben, bestimmt er den jüngsten zum Thronfolger.

Im ganzen Land jubeln die Menschen, und alle, die den Kronprinzen sehen, grüßen ihn freundlich, denn sie sind ihm zugetan.

Na, und bald findet die Hochzeit statt. Vierzig Tage und Nächte dauert die Feier. Es ist eine viel vergnüglichere, glänzendere und schönere Hochzeit als die der neununddreißig Brüder des Kronprinzen zusammengenommen.

Des Fischers Sohn

Aus dem Palaste kamen
die Mädchen und die Damen,
um im Hammam zu baden.
Und nach dem Bade brachte schon
des alten Fischers junger Sohn
einen Weizenbrotfladen,
luftig, duftig, knusprig frisch,
und ein silbrig schillernd Fischgemisch.

Es war einmal ein fleißiger Fischer, der immerfort arbeitete. Morgens legte er Netze aus oder angelte, nachmittags verkaufte er die Fische, die er vormittags gefangen hatte. So schlug er sich recht und schlecht durch. Später gab es auch Zeiten, da Schmalhans Küchenmeister war und es der Familie am Nötigsten mangelte. Bald wurde das Brot knapp, bald das Salz. Manchmal mußten sie den Fisch ungesalzen essen, manchmal ihn ohne einen Krümel Brot verzehren, und bisweilen geschah es sogar, daß Salz und Brot vorhanden waren, aber der Fisch fehlte; denn als die Jahre kamen und gingen, wurde dem Mann die Arbeit immer saurer. Seine Augen, die nie scharf gewesen waren, sahen schlechter und schlechter. Schließlich erblindete er.

Da die Familie nun nicht mehr vom Fischfang leben konnte und den Fischer trübe Gedanken quälten, tröstete ihn seine Frau, so gut sie vermochte: »Laß den Mut nicht sinken, Mann! Ich werde mich bei anderen Leuten verdingen. Dann haben wir wenigstens ein bißchen Geld, und wenn wir uns noch mehr als bisher einschränken, erübrigen wir genug, um unseren Sohn in die Schule zu schicken, damit er tüchtig lernen kann und es zu etwas bringt.«

»Du hast ganz recht«, entgegnete der Fischer. »Der Junge ist unser einziges Kind und später unser einziger Ernährer. Außerdem soll er nicht nur für uns sorgen, sondern es selbst einmal besser haben als wir.«

Nach diesem Gespräch führte die Frau bei kinderreichen Nachbarn den Haushalt, der Sohn besuchte die Schule, und der Fischer saß wie in alten Zeiten vormittags am Fluß. Freilich, was er jetzt fing, reichte höchstens für den eigenen Herd und war nicht reichlich genug, um alle Mägen zu füllen. Doch sooft er einen Fisch ins Netz oder an den Haken gelockt hatte, kochte oder briet er ihn, und wenn die Frau von den Nachbarn und der Sohn aus der Schule kamen, wurde gemeinsam gegessen.

Eines Tages waren Mutter und Sohn vor dem Fischer zu Haus, und der Junge fragte: »Mutter, wovon haben wir gelebt, als du noch nicht zu den Nachbarn gegangen bist?«

»Ach, Söhnchen, was interessiert dich das? So schlimm wie dein Vater habe ich nie geschuftet. Die Schufterei hat uns beide alt gemacht.«

»Nein, sag, womit hat Vater sein Geld verdient? Was für eine Arbeit hat er getan?«

»Willst du etwa in seine Fußtapfen treten? Schlag dir das aus dem Kopf, mein Sohn! Lerne lieber fleißig in der Schule, damit du später dein Auskommen hast und auch für uns alte Leute sorgen kannst.«

»Trotzdem möchte ich gern wissen, was Vater gemacht hat, als er gesund war.«

»Nun, wenn es dir keine Ruhe läßt, geh auf den Boden. Dort siehst du, was er früher gebraucht hat, um seine Arbeit zu verrichten.«

Der Junge stieg die Leiter hoch, fand oben alles mögliche Angelgerät, auch viele Netze mit engen und mit weiten Maschen. Da wußte er, daß der Vater in besseren Zeiten erwerbsmäßig Fischfang betrieben hatte.

Der Sohn eines Fischers bin ich also, dachte er; nein, ich will nicht unbedingt in die Fußtapfen meines Vaters treten. Aber warum sollte ich mein Glück nicht einmal versuchen?

Bald kehrte sein Vater heim. Er hatte länger als gewöhnlich am Ufer gesessen, doch der Eimer, in dem er gewöhnlich den Fisch nach Hause trug, war leer. So gab es für jeden nur ein Stück trocken Brot zu essen.

Nach diesem bescheidenen Mahl stahl sich der Junge wieder auf den Boden, nahm eine Rute, Köder und was man sonst noch zum Angeln braucht, und lief leise hinaus. Bis zum Abend hatte er so viele Fische gefangen, daß er einen schönen Batzen Geld dafür bekam. Mit einem Korb voll Brot, Fleisch, Käse und Halwa kam er vom Basar zurück, stellte das Angelgerät auf dem Boden an seinen alten Platz und breitete vor den Augen der erstaunten Mutter die Leckerbissen aus. »Also«, sprach er, »stärken wir uns für die Nacht!«

Mutter und Vater fragten nicht, wie er den Nachmittag verbracht und wo er die guten Dinge eingekauft hatte, aber alle langten tüchtig zu. So zufrieden waren sie schon lange nicht schlafen gegangen.

Auch in der nächsten Zeit fehlte es an nichts. Der Vater kehrte vom Fluß, die Mutter von den Nachbarn, der Sohn vom Unterricht zurück. Nach dem Mahl versorgte die Frau das eigene Haus, der Mann flickte, so gut es ging, die alten Netze, der Junge schlich auf den Boden, ergriff heimlich das Angelgerät, ging ans Ufer, fing Fische, verkaufte sie und kam mit einem vollen Korb zurück.

So tat er es Tag für Tag, wochen- und monatelang. Als ein halbes Jahr verstrichen war, wußte in der Familie niemand mehr recht, was es heißt, hungrig zu Bett zu gehen.

Nach genau sieben Monaten aber gab der Padischah bekannt, daß am folgenden Tag kein Einwohner der Stadt die Straße betreten dürfe. Der Markt und sämtliche Geschäfte sollten geschlossen bleiben. Die Damen des Hofes – jung und alt – wollten nämlich zum Hammam fahren, um zu baden, und keinem war es gestattet, ihnen auf dem Weg dorthin zu begegnen. Also blieben die Leute zu Haus, auch der Fischer und seine Frau. Denn wer möchte schon, wenn nicht gleich Kopf und Kragen riskieren, so sich doch immerhin den Zorn der Obrigkeit zuziehen? Einzig und allein des Fischers Sohn trotzte dem Verbot.

Er dachte: Kann ich nicht in die Schule gehen, will ich wenigstens Geld verdienen, damit wir nicht darben müssen.

Auf Umwegen erreichte er den Fluß, suchte sich am Ufer ein verborgenes Plätzchen, wo er nicht gesehen werden konnte, und wieder hatte er Glück, fing viele große und kleine Fische, dicke und dünne, den ganzen Eimer füllte er mit einem silbrig schillernden Fischgemisch. Nach dem erfolgreichen Fang brachte er die Angel auf den

Boden, nahm eines der Fladenbrote, die seine Mutter gebacken hatte, und versteckte sich nahe der Straße, die vom Hammam zum Palast führte, hinter einer grünen Hecke. Er brauchte nicht lange zu warten, da nahte schon der Zug der gebadeten Damen, allen voran die anmutige Prinzessin. Der Sohn des Fischers lief ihr entgegen und grüßte höflich.

Die Prinzessin befahl in barschem Ton, die Pferde zu zügeln, und entrüstete sich: »Du ungehobelter Klotz, wie kannst du dich unterstehen, uns hier zu belästigen? Weißt du nichts von dem Verbot meines Vaters, des großmächtigen Padischahs, der allen Bürgern dieser Stadt untersagt hat, am heutigen Tage die Straßen zu betreten? Zieht es dich ins Gefängnis, oder nach welcher Strafe gelüstet es dich, daß du es wagst, dem Herrscher ungehorsam zu sein, statt folgsam in deinem Haus zu bleiben?«

Des Fischers Sohn hörte sich die Predigt ruhig an und sprach: »Der Wille des Padischahs ist mir heilig, aber es ist gegen das Gesetz, die armen alten Eltern darben zu lassen. Meine Mutter ist achtzig, mein Vater neunzig, sein Hals so dünn wie ein Haar. Aus Sorge um meine Eltern bin ich bei Wind und Wetter draußen. Im Gewitter kämpfe ich gegen den stärksten Sturm. Und da sollte ich ihnen heute meine Hilfe verweigern?«

Diese Art zu reden gefiel der Prinzessin, und sie fragte den Jungen: »Was gedenkst du mit den schönen Fischen zu tun?«

»Die möchte ich verkaufen«, antwortete er, »denn mein Vater ist blind, und das wenige Geld, das meine Mutter für ihre Arbeit als Haushälterin bekommt, reicht nicht zum Leben. Da der Basar heute geschlossen bleibt, dachte ich, daß vielleicht Euer mitleidig Herz ...«

Er verstummte plötzlich, und die Prinzessin vollendete den Satz. »Mich bewegen könnte, dir die Fische abzukaufen? Wenn du so lieb für deine alten Eltern sorgst, sollst du nicht enttäuscht werden. Und was trägst du da in deinem Korb?«

»Ein frisches Brot, das meine Mutter gebacken hat, knuspriges Beiwerk zum schmackhaften Fisch.«

»Dann will ich es ebenfalls kaufen«, sagte die Prinzessin, »und sehen, wie gut deine Mutter backen kann. Folge mir zum Palast!«

Des Fischers Sohn lief hinter ihrem Wagen her, und als sie angekommen waren, ließ sie den Eimer und den Korb leeren, entlohnte den Jungen reichlich und sprach: »In Zukunft brauchst du deine Ware nicht mehr auf den Markt zu tragen. Bring sie direkt zum Palast! Es soll gewiß nicht dein Schade sein.«

Höchst erfreut machte sich der Junge auf den Heimweg. Seine schönsten Hoffnungen hatten sich erfüllt. Statt untätig zu Hause zu sitzen, war er seiner Arbeit nachgegangen, hatte mehr Goldstücke als sonst verdient und sollte obendrein künftig vom Basar unabhängig sein.

Tag für Tag lief er nun zum Palast, lieferte Fische ab, strich Geld ein, grüßte freundlich die Prinzessin, die ihm zu diesem Glück verholfen hatte und die ihn jedesmal zu erwarten schien. Er schloß die Schule ab, studierte verschiedene Wissenschaften und angelte nebenbei Fische, die er im Palast verkaufte. Da er eifrig lernte, bekam er nach dem Studium eine gute Stelle in einer anderen Stadt, siedelte dahin über und verdiente fortan mehr Geld, als ihm der Fischfang eingetragen hatte.

Die Prinzessin aber, die das nicht wußte, wartete weiterhin auf ihn und harrte vergeblich. Sie saß am Fenster, sah sich die Augen aus, doch er wollte und wollte nicht kommen. Eine Woche verging, eine zweite. Die Prinzessin war in Sorge, sprach sich aber Mut zu und beruhigte sich. Vielleicht ist er krank und morgen wieder wohlauf? Sobald es ihm besser geht, bringt er mir ganz bestimmt seine Fische. Nach einem Monat dachte sie: Drei Tage will ich mich noch gedulden; wenn er dann nicht kommt, ist ihm sicher etwas zugestoßen, oder er ist unheilbar krank oder sogar gestorben.

Drei Tage verstrichen, noch einmal drei und vier. Vor Kummer wurde sie selber krank. Das Essen schmeckte ihr nicht mehr. Blaß und kraftlos, ohne Lust und Lebensfreude wandelte sie durch den Palast oder saß sehnsuchtsvoll am Fenster. Schließlich war sie so schwach, daß sie das Bett hüten mußte.

Dem Padischah blieb der schlimme Zustand seiner Tochter nicht verborgen. Die besten Ärzte rief er an ihr Lager, doch keiner wußte, was dem Mädchen fehlte. »Nach allen Erkenntnissen der Medizin ist die Prinzessin kerngesund«, stellten sie kopfschüttelnd fest, »aber sie welkt dahin wie eine Knospe ohne Sonnenschein. Es ist ein rätselhafter Fall, bei dem die Wissenschaft versagt.«

Die Ärzte konnten die trübsinnige Prinzessin nicht heilen, doch als ein Diener eines Morgens im Garten die Blumen versorgte, hörte er durch das offene Fenster, wie die Kranke wehmütig ein Lied anstimmte, und bei dem Gesang horchte er auf.

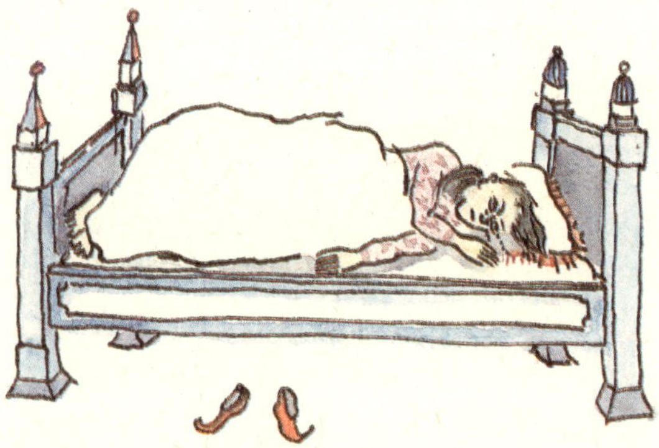

»Die Schwänin hat den Schwan gefunden.
Nun kann die Schwänin bald gesunden.
Die Schwänin, die so einsam war,
und er sind wieder ein gemeinsam Paar.«

Der Diener lief zum Padischah und berichtete, was er gehört hatte.

»Nun, dann wissen wir ja endlich, woran wir sind«, entgegnete der Padischah, »es kann keinen Zweifel geben, das Kind hat Liebeskummer.«

Er befahl dem Diener, weiterhin die Ohren zu spitzen, und der Diener hörte, wie die Prinzessin von dem Sohn eines alten blinden Fischers sang. Der Padischah zog Erkundigungen ein, erfuhr, wo der Mann wohnte, ließ anspannen und ihn mit einer Karosse holen. Der Fischer erzählte, daß sein Sohn ein großer Gelehrter geworden und verzogen sei.

»Und in welcher Stadt ist er zu finden?« fragte der Padischah. »Ich will ihm noch heute die Karosse schicken. Wenn du einverstanden bist, wird er meine Tochter heiraten.«

»Mein Padischah, tut, was Euch beliebt«, entgegnete der Fischer, »befindet Ihr ihn für würdig, Euer Schwiegersohn zu werden, soll der Vermählung nichts im Wege stehen.«

Wenige Stunden später trafen der Sohn und die Frau des Fischers im Palast ein. Als die Prinzessin den Totgeglaubten sah, kam sie rasch zu Kräften, konnte bald das Bett verlassen und war nach einer Woche soweit hergestellt, daß sie heiraten durfte.

Na, und dann wurde natürlich Hochzeit gefeiert, mit fröhlichem Klang und Festgesang, mit Speise und Trank, vierzig Tage lang. Ich sage euch, die Gäste dachten beim Schmaus, sie kämen aus dem Saus und Braus gar nicht mehr raus. Dann aber war doch Schluß
mit Tamburin, Flöte, Gong und Singen. Welch Glück, daß alle
guten Wünsche in Erfüllung gingen.

Der siebenköpfige Drachen

Im Reich der Helligkeit, im lichten Anatolien, lebte einst ein junger Mann, der die Tochter eines Aga liebte und um ihre Hand anhielt. Da der Junge aber arm war, wollte der Gutsbesitzer von einer Heirat nichts wissen. Drei schlaflose Nächte verbrachte der abgewiesene Freier in seiner Hütte, dann packte er seine paar Habseligkeiten zusammen und wollte allen Kummer in der Fremde vergessen. Er lief und lief, wanderte über Hügel und durch Täler, durch Wälder, Wiesen, Felder und gelangte schließlich in ein Land, das Dunkelland hieß, mitten im Reich der Finsternis.

Eine einzige Quelle gab es in diesem Land, nichts sonst sprudelte weit und breit aus der Erde, kein Bächlein rieselte von den Bergen, keinen anderen Brunnen hatten die Dunkelländer als diese eine Quelle. Doch die wurde von dem siebenköpfigen Drachen beherrscht, einem sehr gefräßigen Ungeheuer, das täglich ein Mädchenopfer verlangte. Jeden Morgen kleideten die Menschen eine Jungfrau wie eine Braut zum Hochzeitsfest, zogen mit Krügen und Kannen zur Quelle, überbrachten das Opfer, und solange der Drache fraß, schöpften sie Wasser. Tag für Tag opferten die Dunkelländer dem Drachen eine Jungfrau, jahraus, jahrein, drängten sich von allen Seiten um die Quelle und holten Wasser, bis in ganz Dunkelland keine andere Jungfrau mehr als nur noch die Prinzessin lebte. Da begab sich das Volk zum Palast und bat den Padischah, sich von seiner Tochter zu trennen. Der Padischah liebte sein Kind sehr, aber weil niemand verdursten sollte, willigte er schweren Herzens ein.

Die Prinzessin legte ihr Brautkleid an, wurde reich gescmückt, und die Schar der Wasserholer trat den Weg zum Brunnen an.

Rein zufällig traf um diese Stunde der junge Mann aus Anatolien ein. Er sah die schöne Braut, die vielen Leute mit Krügen und Kannen, ihre traurigen Gesichter. Das ist mir ein merkwürdiger Hochzeitszug, dachte er und erkundigte sich, warum die Menschen eine Miene machten, als ob sie zu einem Begräbnis gingen statt zu einem

Freudenfest. Zu seinem Erstaunen erfuhr er, daß die Braut nicht verheiratet, sondern dem siebenköpfigen Drachen zum Fraß gebracht werden sollte.

»Sind die Dunkelländer nicht Manns genug, ihre Mädchen zu beschützen?« fragte sich der junge Anatolier befremdet, rannte zum Palast, ließ sich von einem Soldaten der Wache ein Schwert beschaffen und eilte den anderen nach zur Quelle. Als er ankam, war die Braut schon ausgeliefert worden, und der Drache schickte sich gerade an, über sie herzufallen, doch ehe er ihr ein Härchen krümmen konnte, hatte ihm der junge Mann mit einem Streich sechs seiner Köpfe vom Rumpf getrennt.

»Das war kein schlechter Hieb«, winselte der Drache, »dergleichen habe ich bisher nicht erlebt, aber hast du mich schon verstümmelt, laß mich nicht weiter leiden. Bereite meiner Qual ein Ende! Nimm mir auch den einen Kopf, der noch geblieben ist! Töte mich!«

»Gegen ein verwundetes Ungeheuer kämpfe ich nicht«, erwiderte der Junge, stieß das Schwert in die Scheide, und ohne es zu ahnen, tat er gut daran, denn hätte er auch den letzten Kopf abgeschlagen, wären dem Drachen alle sieben nachgewachsen. So aber blieb das Untier ein Krüppel, war viel zu schwach, um noch Schaden anzurichten, und krepierte am selben Tage.

Im ganzen Land begann ein Freudenfest. Das feiernde Volk trug den Jungen zum Palast und berichtete dem Padischah: »Er hat die Prinzessin gerettet, das Land vom siebenköpfigen Drachen befreit. Ein jeder kann zu beliebiger Stunde Wasser schöpfen, und den Mädchen unter unseren Kindern ist nicht mehr bange davor, heranzuwachsen.«

Der Padischah schloß seine Tochter in die Arme und ließ den mutigen Mann zu sich rufen.

»Du bist ein Held, mein Sohn. Zum Lohn für deine Tat darfst du dir etwas wünschen.«

»Ich habe keinen anderen Wunsch, Gebieter, als die Prinzessin glücklich zu sehen«, erwiderte der Junge, »drum sei ihr Gesundheit beschieden und ein langes Leben.«

»Du bist ein anspruchsloser Held«, sprach der Herrscher, »und wohlerzogen, aber so bescheiden brauchst du nicht zu sein. Du möchtest meine Tochter glücklich sehen. Nun gut, mein tapferer Sohn, ich gebe sie dir zu Frau.«

Doch es war nicht die Prinzessin, die der Jüngling begehrte. Er dachte an das Mädchen in seiner Heimat, sehnte sich zurück ins lichte Anatolien, fort aus dem Reich der Finsternis. Das alles gestand er dem Padischah, der ihn weiterziehen ließ.

Wieder lief er und lief, wanderte über Hügel, durch Täler, durch Wälder, Wiesen, Felder, und am Abend streckte er seine müden Glieder unter einem Baum aus. Ehe er einschlief, entdeckte er auf den Zweigen ein Nest, in dem mehrere Junge saßen. Doch bei den Wolken oben kreiste ein Raubvogel. Der Jüngling, der ihn rechtzeitig bemerkte, kletterte hinauf, um die Brut zu schützen. Als sich der Räuber auf die Nestlinge stürzen wollte, packte er ihn und riß ihm den Kopf ab. Danach begab er sich zur Ruhe.

Am Morgen erwachte er frisch und munter, da kehrte die Alte von der Futtersuche zurück, flog auf einen Ast und sah ihn liegen.

Der Menschensohn führt etwas Böses im Schilde, dachte Zümrüt Anka, der legendäre Zaubervogel – denn um den handelte es sich –, aber ehe die Vogelmutter den Fremden angreifen konnte, riefen die Jungen aus dem Nest: »Mach das nicht, Mutter, mach das nicht, dieser Mann ist unser Lebensretter.«

Da gewahrte Zümrüt Anka den getöteten Räuber, flatterte zu dem Jüngling herab und sprach: »Ich bin dir sehr dankbar, Menschensohn, denn du hast mich von einer Geißel befreit. Jahr für Jahr brütete ich Junge aus, aber nie konnte ich mich an meinem Nachwuchs erfreuen. Wenn ich auf Futtersuche war, stürzte sich dieser Räuber auf die Brut. Wie traurig war ich, was habe ich geweint! Doch meine diesjährigen Kleinen wird er nicht fressen. Äußere einen Wunsch, damit du siehst, wie dankbar ich bin. Was in meinen Kräften steht, will ich tun, um ihn dir zu erfüllen.«

»Ich habe nichts Besonderes vollbracht«, entgegnete der genügsame Jüngling bescheiden, »nichts, was der Rede wert wäre. Die Kleinen zu retten hat mir wohlgetan. Ich wünsche ihnen Gesundheit und ein langes Leben.«

Zümrüt Anka bestand darauf, daß sich der Jüngling etwas zu seinem eigenen Vorteil wünsche, drängte und drängte, und zu guter Letzt fragte er: »Kannst du mich in das lichte Anatolien bringen?«

»In das Reich der Helligkeit«, sprach Zümrüt Anka zögernd vor sich hin. »Eine lange Strecke, aber ich glaube, es geht. Nur kostet es ein paar Tage Zeit, denn der Flug muß vorbereitet werden.«

Der Jüngling kehrte in den Palast zurück, erzählte, wie es ihm ergangen war, und bat um Reiseproviant. Eine Riesenmenge Fleisch erhielt er, vierzig große Portionen, dazu genügend Wasser und obendrein Geschenke als Lohn für seine Tapferkeit: einen Batzen Gold und Edelsteine. Das schaffte er alles zu Zümrüt Anka hin.

Die Vogelmutter betrachtete prüfend das Wasser und das Fleisch. »Es reicht für uns beide und für die Kleinen auch. Leg dich gleich schlafen, denn in der Frühe brechen wir auf.«

Am nächsten Morgen weckte sie ihn beizeiten. Ihre Kinder waren mittlerweile flügge geworden, und da der Räuber nicht mehr lebte, ließ die Mutter sie bedenkenlos im Nest zurück. Die Verpflegung nahm sie sorgsam unter ihre Fittiche und sprach: »Setz dich, Menschensohn, auf meinen Rücken! Wir fliegen ohne Pause, bis wir in Anatolien sind. Wenn ich unterwegs Gak sage, gib mir Fleisch. Sage ich Guk, gib mir zu trinken.«

Der Jüngling schwang sich auf den Vogelrücken, und die Reise begann. Sie flogen und flogen, über Hügel und Täler, über Wälder, Wiesen, Felder, viele Tage und viele Nächte lang. Bekam Zümrüt Anka Hunger, krächzte sie: »Gak«, war sie durstig, ächzte sie: »Guk«. Morgens und abends fragte sie: »Menschensohn, was siehst du auf der Erde?« Und der Jüngling erwiderte, daß sie noch nicht über seiner Heimat seien.

Doch einmal antwortete er: »Ich sehe Lichter. Ja, dort liegt mein lichtes Anatolien«, und er erklärte Zümrüt Anka, wo seine armselige Hütte stand.

Auf ihrem Dächlein ging Zümrüt Anka nieder. »Bist du angekommen, wo du hinfliegen wolltest, Menschensohn?« erkundigte sie sich.

Der Jüngling bestätigte es, stieg ab, bedankte sich, und nach dem Abschied flog die Vogelmutter zu ihren Kindern ins Dunkelland zurück.

Der Jüngling aber blieb in Anatolien, verkaufte die Geschenke des Padischahs, und von dem Geld ließ er sich ein schönes Haus, ein Schlößchen fast, erbauen. Dann freite er noch einmal um das Mädchen, das er liebte, und da er einen kleinen Besitz vorzuweisen hatte, gab ihm der Aga seine Tochter zur Frau.

So hat er sie doch noch heimgeführt. Viele Trommeln wurden gerührt, laute Gongs erklangen, und die Leute sangen zum Hochzeitsfeste. Vierzig Tage und vierzig Nächte feierten die Gäste. Herren gab's keine und keine Knechte. Auch alle Armen wurden satt gemacht und haben fröhlich mitgelacht. Und Braut und Bräutigam haben sich bedankt, am Ziel ihrer Wünsche glücklich angelangt.

Das Holzschwert

In alter Zeit, als die Fliege noch Schneider war, der Esel noch Bäkker, das Kamel noch Barbier, da gab es einen Holzfäller, der lebte ganz fröhlich mit seiner Frau in einer Hütte am Fuße eines Berges. Morgens zog er ins bewaldete Gebirge, schlug Holz, abends verkaufte er die gefällten Stämme. Da er fleißig war und stets zu tun hatte, reichte das Geld so recht und schlecht fürs Essen und seine Frau machte ihm das Leben leicht. Nach Feierabend sangen und tanzten beide bis in die Nacht hinein, waren ausgelassen und guter Dinge.

Eines Tages erging ein Befehl des Sultans an sein Volk, in keinem Haus seines Reiches Licht zu machen. Um sich zu vergewissern, daß dieses Verbot eingehalten wurde, schickte der Herrscher Spitzel aus. Als einer der Schnüffler zur Hütte des Holzfällers kam, sah er, daß das Zimmer taghell erleuchtet war und daß darin getanzt und gesungen wurde. Er kennzeichnete die Tür und berichtete dem Sultan von dem Übeltäter, der Licht brannte und sich des Lebens freute, statt seine Anweisungen zu befolgen.

Der erzürnte Sultan wollte wissen, welcher seiner Untertanen es wagte, so ungehorsam zu sein. Er befahl zwei Männern, dem Holzfäller ein Pferd und neue Sachen zu bringen, und sprach: »Übergebt ihm das, damit er wohlgekleidet zu mir reiten kann.«

Seine Boten fanden die Hütte mit dem Merkmal an der Tür und fragten des Holzfällers Frau: »Wo ist dein Effendi?«

»Im Gebirge, bei der Arbeit. Er schlägt Holz«, antwortete sie.

So begaben sie sich zu ihrem Mann im Wald und überbrachten die Botschaft des Sultans.

Der Holzfäller ging nach Hause, zog den neuen Anzug an, verabschiedete sich von seiner Frau und ritt los.

Unterwegs baten ihn Bettler um ein Almosen, denn so, wie er war: hoch zu Roß, ein Schwert an der Seite, mit feinen Sachen angetan, hielten sie ihn für einen vornehmen, reichen Herrn.

Der Holzfäller griff sich in die leeren Taschen, tat, als ob er etwas suche, und sprach: »Weiß der Teufel, wo ich mein Geld hingesteckt habe. Im Augenblick kann ich es nicht finden, aber wenn ich zurückreite, will ich euch mit einer milden Gabe erfreuen.«

Im Palast angekommen, wurde der Holzfäller dem Sultan vorgeführt, und der Herrscher fragte: »Wer bist du, was treibst du, wie verbringst du deine Zeit?«

»Mein Gebieter, ich bin Holzfäller. Tagsüber arbeite ich im Wald, dann verkaufe ich die geschlagenen Stämme, und nach dem Abendessen tanze und singe ich mit meiner Frau.«

»Und warum brennst du Licht, wenn ich es verboten habe?«

»Weil ich ohne Licht nicht tanzen kann, mein Gebieter.«

Ein fideler Bursche, wie er in die Welt paßt, dachte der Sultan, dem es gefiel, daß der Holzfäller offen und ehrlich geantwortet hatte, aber – überlegte er – Strafe muß sein. So ließ er ihn unentgeltlich mehrere Arbeiten verrichten: Messer schleifen, im Palastgarten Unkraut jäten, morsche Bäume fällen, Früchte ernten.

Nach beendetem Werk durfte der Holzfäller den Heimritt antreten. Unterwegs traf er wieder die Bettler, die nicht glauben wollten, daß er kein Scherflein für sie habe. Um zu beweisen, daß er die Wahrheit sprach, drehte er sämtliche Taschen um, indem er sagte: »Ich würde euch gern geben, was ihr begehrt, aber wie ihr seht, habe ich selber nichts.«

Seine Frau empfing ihn in der gewohnten Weise, heiter und freundlich, mit offenen Armen.

Doch als er ihr erzählte, was ihm widerfahren war, entgegnete sie enttäuscht: »Hättest du im Wald Holz geschlagen, wäre wenigstens etwas für uns herausgesprungen. Der Sultan aber ließ dich leer ausgehen, und so haben wir kein Geld im Haus. Verkaufe doch einen Teil der Sachen, die er dir geschenkt hat. Wie soll ich sonst ein Essen auf den Tisch bringen?«

Der Holzfäller war einverstanden, ging zum Basar, bot sein Schwert an, verkaufte es für zwei Goldstücke, und weil zur Kleidung eines feinen Herrn damals auch eine Waffe gehörte, schnitzte er sich ein Holzschwert. Das schob er in die Scheide. Doch ein

Diener, der ihm gefolgt war und ihn beobachtet hatte, berichtete alles dem Sultan. Daraufhin wurde der Holzfäller abermals in den Palast gerufen.

Unterwegs traf er die Bettler, gab ihnen ein Kleinigkeit, sie wünschten ihm Gesundheit und ein langes Leben, und er setzte seinen Weg fort. Was mochte der Sultan diesmal wollen?

Als er im Palast angekommen war, trat ihm der Herrscher entgegen. »Du hast mir neulich gute Dienste geleistet. Heute wartet eine besondere Aufgabe auf dich, und ich bin sicher, daß du sie ebenfalls gewissenhaft erfüllen wirst.«

Hauptsache, du vergißt nicht wieder, mich zu entlohnen, dachte der Holzfäller, damit ich nicht noch mehr von deinen Sachen verkaufen muß. »Was hätte ich zu tun, mein Gebieter, um Euer Vertrauen zu rechtfertigen?« fragte er neugierig.

Der Sultan spannte ihn auf die Folter und musterte ihn, ehe er endlich antwortete: »Es wird dir nicht entgangen sein, daß draußen eine Menge Volk versammelt ist. Dieser Auflauf hat natürlich einen Grund. Heute noch soll dort ein Strolch geköpft werden, und der Mann, der das Amt des Scharfrichters übernimmt, bist du.«

»Ich?« rief der Holzfäller entsetzt aus. »Wieso ich? Warum gerade ich?«

»Weil ich weiß, daß du ganze Arbeit leistest. Auf dich kann ich mich verlassen.«

»Mein Sultan, ich habe gelernt, Bäume zu fällen, aber die Ehre, Köpfe abzuschlagen, ist mir nie zuteil geworden.«

»Du hattest auch noch nie ein so gut geschliffenes Schwert wie heute«, entgegnete der Sultan listig. »Mit dieser scharfen Klinge wird dir die Tat bestimmt gelingen.«

Da hatte der Holzfäller keine andere Wahl, als sich zur Richtstätte zu begeben. Verzagt, als ob er selbst geköpft werden sollte, so stand er schweigend vor der Menge, durch die ein leises Raunen lief. Heiß und kalt wurde ihm und die Stirne feucht beim Anblick des Todeskandidaten, den zwei Männer heranführten.

Allah Akbar, betete der Holzfäller, Allah – gerechter Gott, laß mich nicht im Stich, flehte er, während ihm der Schweiß aus allen Poren brach. Schließlich schwitzte er so, daß sein ganzer Körper dampfte. Was soll nur werden? dachte er verzweifelt; was geschieht, wenn ich mein Holzschwert ziehe, um diesen unglückseligen Menschen zu enthaupten? Wer ist eigentlich schlimmer dran – er oder ich?

Und als er völlig ratlos dastand und schwitzte, kam ihm plötzlich die Erleuchtung.

Er packte das Schwert mit der Scheide, hob es hoch, drehte sich zu der Menge um, verneigte sich tief und rief: »Allah! Allmächtiger Gott! Hier stehe ich, um ein blutiges Handwerk zu verrichten, ohne zu wissen, ob ich einen Schuldigen töte. Allah! Hilf du mir, die richtige Entscheidung zu treffen. Ist dieser Mann schuldig, dann laß mir meine scharfe Klinge und und verleihe mir die Kraft, mit einem Schlag das Haupt vom Kopf zu trennen. Ist er aber unschuldig, so verwandle diesen Stahl in Holz!«

Er wandte sich dem Verurteilten zu, riß das Schwert aus der Scheide, schwang es empor, so daß es weithin sichtbar war.

»Es ist aus Holz«, rief jemand aus der Menge, und ein Gemurmel der Überraschung pflanzte sich wie Gewittergrollen fort, »es ist aus Holz – aus Holz – aus Holz ...«

Der Sultan aber krümmte sich vor Lachen, hielt sich den Bauch, schüttelte den Kopf und wischte sich die Tränen aus den Augen.

Das Todesurteil wurde aufgehoben und der erfinderische Holzfäller für seinen Einfall belohnt.

Mit dem Holzschwert an der Seite, einem gefüllten Geldbeutel in der Tasche ritt er heimwärts, verteilte Almosen an die Bettler, tanzte und sang nach dem Abendessen bis tief in die Nacht hinein mit seiner Frau und freute sich des Lebens.

So endet dieses Märchen, und alle, die es gehört oder gelesen haben, sind heiter und froh wie der Holzfäller und seine Frau.

Leblebidschi

Undenklich lange ist es her, wie viele Jahr, ich weiß nicht mehr, da war dies wahr, da lebte in einer Kleinstadt einmal ein Kichererbsenhändler, dessen Frau mit ihrem Schicksal haderte. »Ach, Mann – Leblebidschi, was ist das schon«, murrte sie, »was betreibst du für ein schäbiges Gewerbe! Ja, wenn du reich wärst oder studiert hättest, dann würden mich die Nachbarn höflich grüßen und mir ihre Gunst erweisen, aber so sehen alle auf mich herab. Du bist eben bloß ein Leblebidschi.«

»Frau, sei nicht ungerecht«, verwahrte sich ihr Mann. »Die Leute möchten Kichererbsen kaufen. Also muß es einen Kichererbsenhändler geben. Darum bin ich, was ich bin, was auch mein Vater und mein Großvater waren, ein rechtschaffener Leblebidschi.«

Eines Tages waren die beiden zu einer Hochzeit eingeladen. An der Frauentafel ging es lebhaft zu. Nur die Frau des Kichererbsenhändlers blieb von der Unterhaltung ausgeschlossen, niemand beachtete sie, und als dann noch die Gattin eines Arztes ankam, mußte sie der Dame ihren Platz abtreten. Tief gekränkt, ohne einen Happen gegessen zu haben, ging sie nachdenklich heim.

Ihr Mann traf einige Stunden später ein und war erstaunt, die Tür verschlossen vorzufinden. Das kann doch wohl nicht sein, dachte er, klopfte, rüttelte, begehrte stürmisch Einlaß, denn es widerstrebte ihm, von dem eigenen Haus ausgesperrt zu sein. »Frau, bist du drin?« rief er.

»Das bin ich«, erklang es, »und ich öffne dir erst, wenn du gelobt hast, dich als Arzt auszugeben.«

Er widersprach: »Das ist wohl nicht dein Ernst«, empörte sich, bettelte, flehte, aber weil seine Frau unerbittlich blieb und er die Nacht nicht auf der Straße verbringen wollte, legte er schließlich das Gelöbnis ab.

Am nächsten Morgen wurde er in aller Frühe geweckt. »Zeit aufzustehen, Mann! Die Tasche ist gepackt, das Frühstück aufgetragen, der Esel angeschirrt.«

Er sah, daß zu streiten zwecklos war, und fügte sich. Nachdem sie schweigend gefrühstückt hatten, setzten sie sich in den Eselkarren und fuhren in eine andere Stadt. Dort mieteten sie eine bescheidene Wohnung, die Frau mahlte Kichererbsen, er formte aus dem Mehl verschiedenartige Pillen, sie stellte dicke Bücher hin, er heftete ein Schildchen mit der Aufschrift »Arzt« an die Tür und sank seufzend in einen Sessel. »Ganz wohl ist mir nicht, Frau«, gestand er.

Doch sie tröstete ihn: »Mach dir keine Sorgen, Mann! Es ist alles halb so schlimm. Du wirst schon sehen, wie es läuft. Erholt sich einer, heißt es, du hättest ihn gesund gemacht. Stirbt der Kranke aber, ist es Gottes Wille gewesen, ihn zu sich zu nehmen, so daß deine ärztliche Kunst versagen mußte.«

Es kam, wie die Frau vermutet hatte, genau so redeten die Leute, und weil der Leblebidschi seinen Patienten freundlich gegenübertrat, sie geduldig anhörte und lange untersuchte, ehe er Pillen, heiße Fußbäder oder kalte Kompressen verordnete, kann es niemanden wundern, daß seine Praxis bald überlaufen war.

»Jetzt siehst du wohl ein, daß ich uns zu unserem Glück verholfen habe?« sprach die Frau. »Hätte ich meinen Kopf nicht durchgesetzt, würdest du noch Kichererbsen verkaufen, statt ein angesehener Arzt zu sein.«

»Ja, mein Frauchen, das ist wahr«, gestand er, und vor lauter Freude vollführten sie einen Bauchtanz. Dazu sangen sie ein Lied:

»Es ist so lustig, Arzt zu sein.
Laß Pillen schlucken groß und klein!
Ohne Schwitzen Geld zu machen,
reich zu werden, ohne Pein,
keinen Finger krumm zu machen
und sich eins ins Fäustchen lachen,
Leute, Leute, das sind Sachen,
das ist herrlich, das ist fein.«

Doch eines Tages schien ihnen das Glück den Rücken zu kehren. Die Tochter des Padischahs hatte plötzlich die Sprache verloren. Und warum war sie stumm geworden? Weil ihr Vater, der grausame Padischah, vor ihren Augen Menschen hatte töten lassen. Sie waren gekommen, hatten um Arbeit und Brot gebeten, aber er hatte ihnen erbarmungslos den Kopf abschlagen lassen. Da hatte seine Tochter vor Entsetzen die Sprache und hätte beinah auch den Verstand verloren.

Der Padischah bestellte die besten Ärzte des Landes zu sich, damit sie seine Tochter heilten. Einer nach dem andern kam, einer nach dem andern wurde geköpft; denn keiner konnte dem armen Mädchen helfen. Schließlich war der Kichererbsenhändler an der Reihe.

Traurig schied er von seiner Frau, die er nie wiederzusehen glaubte. Hätte ich nur nicht auf dich gehört, dachte er reuevoll, hätte ich die Menschen nicht betrogen, dann dürfte ich in Frieden weiterleben, aber nun werde ich wohl sterben müssen.

Mit solchen trüben Gedanken begab er sich zu dem gnadenlosen Padischah, dem er gleich die Wahrheit sagen wollte, um sich unnötige Qualen zu ersparen. »Mein Padischah«, sprach er, als er im Palast angelangt war, »ich möchte Euch ein Geständnis ablegen. Die Leute halten mich für einen großen Arzt. Der bin ich nicht. In Wirklichkeit ist es mit meiner Kunst nicht weit her. Schlimmer noch, ich bin nur ein ganz einfacher Mann.«

»Bravo, solche Bescheidenheit ist fürwahr eine Zier«, entgegnete der Padischah anerkennend. »So wie du muß ein Arzt reden. Jeder, der vor dir hier war, hat sich selbst gepriesen und mit seinen Erfolgen geprahlt, aber nicht einer hat meine Tochter geheilt. Du hast dich deiner Taten nicht gerühmt. Du behauptest sogar, ein ganz einfacher Mann zu sein. Das ist die rechte Art. Ich bin gewiß, daß es dir gelingt, das Kind gesund zu machen.«

Die Prinzessin war eine außergewöhnliche Schönheit. Doch wie traurig saß sie am Fenster! Sie bemerkte nicht einmal, daß der Leblibidschi eintrat. Teilnahmslos schaute sie hinaus.

Der Kichererbsenhändler konnte sich nicht entschließen, ihr irgendwelche Pillen zu geben. Er hätte ihr gern tausend Stück verordnet, wenn er einen winzigen Hoffnungsschimmer gesehen hätte. Aber er sah keinen. Darum ließ er durch einen Diener einen dicken Strick bringen und an einen Haken knüpfen.

»Ja, ich werde freiwillig aus dem Leben scheiden«, murmelte er, als der Strick hing und der Diener wieder gegangen war, »lieber mach ich ein rasches Ende, denn so oder so bin ich ein toter Mann.«

Er rückte einen Kasten an die Wand, stellte sich darauf, um den Kopf in die Schlinge zu stecken, da brachen unter ihm die Bretter.

Bei dem Gepolter fuhr die Prinzessin herum, erblickte den Fremden, der sich aufhängen wollte. »Tu es nicht!« rief sie. »Tu es nicht! Ich dulde keinen Selbstmörder. Du sollst nicht auch noch sterben. Ich will es nicht, ich will es nicht!«

Der Leblebidschi hielt verdutzt inne. Plötzlich wurde ihm bewußt, daß das Mädchen gesprochen hatte.

Auch der Padischah hatte die Stimme seiner Tochter gehört. Er stürmte herein, schloß sie in die Arme und hüpfte und sprang im Zimmer umher.

Sonderbar, wie liebevoll so ein blutrünstiger Mann sein kann, dachte der Kichererbsenhändler und nutzte das Freudenfest, das im Palast gefeiert wurde, um sich unbemerkt hinauszustehlen.

Zu Hause erzählte er seiner Frau, wie er mit dem Schrecken davongekommen war. Danach entfernten sie rasch das Schildchen mit der Aufschrift »Arzt«, packten Bücher und Pillen ein, vollführten einen Bauchtanz, sangen dazu ein lustiges Lied. Dann fuhren sie in ihr Heimatstädtchen zurück, wo der Leblebidschi wieder Kichererbsen verkaufte, wie er es früher schon und vor ihm sein Vater und sein Großvater getan hatten.

Der Kristallpalast

Unendlich viele Jahre ist es her, daß dies geschah. Der Padischah, der damals regierte, grämte sich sehr, weil alle seine Söhne und Töchter starben. Mehrere Kinder erblickten im Palast das Licht der Welt, doch nicht eines von ihnen blieb am Leben. Als eines Tages wieder ein Mädchen geboren wurde, rief der Padischah die besten Ärzte und Hodschas zusammen. Sie untersuchten die Prinzessin und rieten dazu, eine tiefe Grube schachten zu lassen. Dort sollte die Kleine ihre ersten Jahre verbringen, bis sie den Kinderschuhen entwachsen war. Einen anderen Ausweg, sie im zarten Alter vor Krankheiten zu behüten, sahen die weisen Männer nicht.

Die Grube wurde ausgehoben, wohnlich eingerichtet, oben mit einem Glasdach abgedeckt. Zweimal täglich erschien die Kinderfrau, versorgte die Prinzessin, brachte ihr zu trinken und zu essen, lehrte sie sprechen und verschönte ihr das Dasein, so gut es sich machen ließ.

Als das Mädchen fünfzehn Jahre geworden war, kannte es an Schönheit nicht seinesgleichen, aber weil ein Tag wie der andere verlief, regte sich kräftig die Langeweile. Was ist eigentlich hinter der Tür, durch die meine Wärterin eintritt und mich wieder verläßt? dachte die Prinzessin neugierig, und was über meinem Kopf hinter dem Glasdach? Sie erkundigte sich bei der Kinderfrau, stellte viele Fragen, erhielt jedoch nur eine Antwort: »Draußen ist die große, weite Welt.«

Was ist das, groß und weit, was draußen und was die Welt? überlegte die Prinzessin, konnte es sich aber nicht erklären, und weil sie sehr wißbegierig war, beschloß sie, es herauszufinden. Geschwind stapelte sie sämtliche Stühle ihrer Erdwohnung aufeinander, erkletterte den kleinen Turm, den sie errichtet hatte. Dabei stieß sie mit der Lehne des obersten Stuhls gegen die Glasdecke, die zerbrach.

Nun war da ein Loch, durch das sie den Kopf steckte. Vor ihr erstreckte sich das Meer, mächtig und unüberschaubar. Darüber schien die Sonne, und auf dem Wasser sprühte ein Funkenstrom, der so grell war, daß sie geblendet die Lider senkte. Doch sie öffnete die

Augen wieder, denn sie wollte sehen und immer wieder hinsehen, um den Anblick zu genießen.

Erst als das Essen gebracht wurde, stieg sie von ihrem Aussichtsturm herab.

»Warum hast du die Zimmerdecke zerbrochen?« fragte die Kinderfrau. »Du ahnst ja nicht, wie gefährlich das ist. Du kannst dich am Glas schneiden oder dich erkälten und krank werden und wie alle deine Geschwister sterben.«

»Ach, das ist mir einerlei«, entgegnete die Prinzessin, die sich in die große, weite Welt vernarrt und lieber tot sein wollte als weiterhin lebendig begraben. »Bring mich fort von hier, bring mich nach draußen, in die große, weite Welt, oder ich nehme mir das Leben.«

Die Wärterin lief zum Padischah und berichtete, was geschehen war. »Die Prinzessin hat das Glasdach zerbrochen und die Sonne und das Meer gesehen. Sie wurde von dem Glanz geblendet. Jetzt hält sie's nicht mehr aus dort unten in der Erde. Heraufholen sollen wir sie, wenn wir nicht wollen, daß ein Unglück geschieht.«

Wieder ließ der Herrscher die besten Ärzte und Hodschas kommen, und sie rieten ihm, den Wunsch des Mädchens zu erfüllen.

Der Padischah befahl, seine Tochter in einen Rosengarten zu führen. Die Wärterin tat, wie ihr geboten. Da zitterte die Prinzessin schon vor Freude, aber als sie erst den Duft der Rosen spürte und hinter dem Garten das Meer erblickte, ein Gefunkel wie lauter Kristall und Edelstein, kannte ihr Entzücken keine Grenzen. Zugleich erfuhr sie, was für einen Vater sie hatte, einen mächtigen Mann, der nicht eine Grube, sondern einen prächtigen Palast bewohnte, und das alles gehörte zu der Welt.

Aus dem Rosengarten geleitete die Wärterin die Prinzessin zum Padischah, den sie begrüßte und der sie willkommen hieß. Doch dann sprach sie: »Mein lieber Vater, ich wünsche mir einen Kristallpalast auf dem lichtsprühenden Meer. Die Wände sollen mit Diamanten besetzt und die Stühle aus purem Gold sein. Wenn du so mächtig bist, wie die Wärterin sagt, wirst du mir meine Wünsche gewiß nicht abschlagen. Entweder du tust, worum ich dich bitte, oder ich nehme mir das Leben.«

»Schon gut, mein Kind, schon gut«, erwiderte der Padischah, der seine schöne Tochter das erstemal vor sich stehen sah. »Es soll alles so sein, wie du es gerne haben möchtest.«

Er forderte Glaser, Juweliere und Goldschmiede an. Nach einem Jahr erhob sich auf einer Meeresinsel der Kristallpalast, dessen Glanz die Welt erfüllte, dessen Schönheit sich mit Worten nicht beschreiben läßt und der jeden, der ihn sah, glückselig stimmte.

Seine Erbauer überbrachten die Kunde, daß ihr Werk beendet sei, und Padischah und Prinzessin eilten an den Strand, um es ausgiebig zu bewundern. Die Tochter küßte dem Vater die Hände, und er sprach zu ihr: »Mein Kind, es ist alles geworden, wie du es vor einem Jahr gewünscht hast. Ich freue mich, daß dir der Palast gefällt. Nimm dir einige Dienerinnen mit und wohne dort! Mögest du glücklich und zufrieden sein.«

Am nächsten Tag schon zog die Prinzessin in das wunderbare Bauwerk. Ein neues, freudenreiches Leben begann. Sie ging im Garten spazieren oder saß am Fenster, bewunderte die Schönheit des Meeres und träumte in die blaue Ferne.

Draußen glitten Boote durch das flimmernde Wasser, manchmal segelte ein Schiff vorbei, und die Menschen an Bord erstarrten. Aller Augen waren verzückt auf den Kristallpalast gerichtet.

Eines Tages kam die Kunde von dem Glanzstück dem jemenitischen Kronprinzen zu Ohren. Er ging zu seinem Vater, dem Schah des Landes.

»Mein mächtiger Vater, der Padischah von Stambul hat auf einer Insel im Meer einen Kristallpalast errichten lassen, ein einzigartiges Prunk- und Prachtstück, wie seefahrende Leute berichten, ein funkelndes, Licht und Farbe sprühendes Bauwerk, das sich mit Worten nicht beschreiben läßt. Wenn du erlaubst, mein Vater, werde ich der Prinzessin, die dort residiert, einen Besuch abstatten.«

»Erweise ihr deine Reverenz, mein Sohn«, erwiderte der Schah von Jemen. »Wie sollte ich dir diese Bitte nicht gewähren?«

Der Prinz bedankte sich bei seinem Vater, begab sich mit einigen

Gefährten an Bord eines Schoners, der im Hafen vor Anker lag, und stach in See.

Tag und Nacht fuhr der Prinz mit seiner Besatzung über das glatte Meer. Alle Segel blieben gesetzt. Tag und Nacht spähte vom Bug ein Ausguck in die Weite, und eines Morgens hieß es: »Schiff in Sicht!«

Es war ein bezauberndes, Licht und Farbe sprühendes Gebilde, das sie ganz gefangennahm, gleißendes Gold, Kristall, Juwelen, Diamanten. Ein wunderbarer Glanz ging von dort aus und erfüllte die Welt.

»Welch ein Anblick!« rief der Kapitän. »Sehe ich ein Luftschloß, träume ich? Nein, ich bin wach, und was ich sehe, ist Wirklichkeit, doch unbeschreiblich. Das muß er sein.«

Und er war es: der Kristallpalast. Das Schiff umfuhr die Insel und ankerte vor den Toren.

Von ihrem Fenster hatte die Prinzessin dem Manöver zugeschaut. Wie nun die Segel eingezogen wurden, trat sie auf den Balkon, erblickte den Prinzen und verliebte sich, während er den Kopf hob, sie über sich stehen sah und, von ihrer Schönheit geblendet, in Ohnmacht fiel.

Als er wieder zu Bewußtsein kam, war die Prinzessin verschwunden. Er ging an Land, suchte sie jedoch vergebens. »Ach, wenn ich sie noch einmal sehen könnte!« murmelte er und sank in Schlaf.

Die Prinzessin hatte sich in das Innere des Palasts begeben und einer Zofe aufgetragen, eine Schale mit belebenden Essenzen an Bord zu bringen, damit der Ohnmächtige zu sich käme. Bald kehrte sie auf den Balkon zurück, beugte sich über die Brüstung und bemerkte den Prinzen. Er hat nicht das Bewußtsein verloren, dachte sie enttäuscht, er schläft, in meiner Nähe kann er schlafen und liegt ruhig unter dem Balkon.

Sie seufzte gekränkt und begann zu weinen, doch nicht richtige Tränen quollen ihr aus den Augen, sondern warmes Blut rann ihr über die Wangen, und ein Tropfen fiel dem Prinzen ins Gesicht.

Der Prinz erwachte, richtete den Blick zum Balkon empor. Was habe ich angerichtet! dachte er bestürzt. Ich wollte sie sehen, und mein Wunsch hat sich erfüllt, aber ihre Augen bluten. Fort von hier, ehe noch größeres Unheil geschieht! »Segel setzen!« befahl er, »Anker lichten! Hoffen wir auf eine gute Fahrt«, wandte sich noch einmal der Prinzessin zu, nahm Abschied und sprach: »Da ist mein Schiff und ein günstiger Wind nach Jemen.«

Die Anker wurden eingeholt, und sie segelten Tag und Nacht, bis sie den Heimathafen erreichten.

Die Prinzessin aber stand auf dem Balkon, blickte sehnsüchtig in die blaue Ferne und weinte. Stunden- und tagelang flossen ihre Tränen. In ihrer Verzweiflung ließ sie sich schließlich zur Küste übersetzen, ging zu ihrem Vater und sprach: »Mein lieber Vater, ich wünsche mir ein Schiff, dessen Kabinen mit Edelsteinen geschmückt, dessen Masten mit Rubinen besetzt sind. Vierzig Mädchen sollen mir zu Diensten stehen und mich, den Kapitän, auf meiner Fahrt begleiten. Entweder du tust, worum ich dich bitte, oder ich werde mich töten.«

»Natürlich, meine Tochter«, sagte der Padischah, »natürlich erfülle ich dir deinen Wunsch.«

Er befahl, genügend Schiffbauer, Gold- und Kunstschmiede zusammenzurufen, und der Bau begann. Nach zwei Jahren war er beendet.

Wieder suchte die Prinzessin ihren Vater auf, küßte ihm beide Hände und bat ihn, nach Jemen segeln zu dürfen.

»Natürlich, Töchterchen«, sprach er, »natürlich erlaube ich dir zu fahren, nur, mein liebes Kind, laß mich nicht gar so lange warten. Allah möge dich beschützen.«

Mit vierzig Mädchen – der Schiffsbesatzung – ging sie an Bord. Zweiundzwanzig Kanonenschüsse backbord und steuerbord begleiteten das Auslaufen.

Tagelang kreuzten sie in rascher Fahrt vor dem Wind, und wo sie unterwegs anlegten, priesen die Leute die Schönheit des Kapitäns. Schließlich liefen sie Jemen an. Im Hafen warfen sie Anker.

»Wer seid ihr?« fragte verdutzt der Beamte, der dort Dienst tat. »Was wollt ihr? Wo kommt ihr her? Ein Schiff wie das eure haben wir hier noch nie gesehen.«

Er ging zum Schah und berichtete: »Mein Gebieter, ein Schiff von unbeschreiblicher Pracht ist angekommen, die Masten sind mit Rubinen besetzt, die Kabinen mit Edelsteinen verziert. Wer zählt die Juwelen, die Diamanten? Ein Schiff wie dieses hat bei uns noch nicht festgemacht.«

Der Schah schickte seinen Adjutanten. »Fahr hin, schau dich um, ziehe Erkundigungen ein! Ich erwarte begierig deinen Bericht.«

Der Adjutant nahm sich eine Schaluppe, um den Befehl auszuführen, und als die Prinzessin vom Kajütenfenster aus den Segler nahen sah, hieß sie die Besatzung, sich rot zu kleiden. In roter Uniform bildeten die Mädchen Spalier. Der Steuermann empfing den Adjutanten am Fallreep und geleitete ihn zum Kapitän.

Die Prinzessin bot dem Gast einen Stuhl an, doch der Gesandte des Schahs sah sich eilig in der prunkvoll verzierten Kajüte um und sprach: »Mein Bei, ich würde schon bleiben, aber der Schah wüßte gern Näheres über dieses Schiff und bittet um Ihren werten Namen.«

»Ich bin der Sohn eines reichen Kaufmanns«, entgegnete die Prinzessin, »und ich habe mich aufgemacht, nicht um Geschäfte zu tätigen, sondern zu meinem ureigensten Vergnügen.«

Nachdem sie noch ein paar Worte gewechselt hatten, kehrte der Adjutant zum Schah zurück. »Mein Gebieter, ein Kaufmannssohn führt ein Handelsschiff, um sich zu vergnügen, ein bartloser, schmucker Jüngling. Die Besatzung ist sehr adrett in Rot gekleidet. Ich könnte mir denken, daß Ihr den Mann an Bord aufsuchen möchtet. Gewiß würde es sich lohnen.«

Der Bericht des Adjutanten verfehlte seine Wirkung nicht. Der Schah wollte die Bekanntschaft des jungen Mannes machen. Von seinem Hofstaat gefolgt, betrat er die Schaluppe und ließ sich zu dem fremden Schiff bringen.

Die Prinzessin sah ihn nahen, hieß die Besatzung, gelbe Uniformen anzulegen, lief dem Gast entgegen und führte ihn durch das Spalier in die Kajüte, wo sie ihn bewirtete. Bei Kaffee und angeregter Unterhaltung flogen die Minuten rasch dahin. Der Schah plauderte mit dem vermeintlichen Kaufmannssohn, bis er die Zeit für gekommen hielt, sich zu verabschieden. Dann kehrte er in das Schloß zurück und berichtete seinem Sohn, was er gesehen und erfahren hatte.

Darauf war es an dem Prinzen, neugierig zu sein. Um sich selbst ein Bild zu machen, nahm auch er die Schaluppe und brach zu dem Luxusschiff auf.

Die Prinzessin, die ihn sah, hieß die Besatzung, grüne Uniformen anzulegen, lief dem Gast entgegen und führte ihn durch das Spalier in ihre Kajüte, wo sie ihn wie den Schah bewirtete. Doch diesmal gab sie sich als Mädchen zu erkennen, und der Prinz verliebte sich so sehr, daß er redete und redete und kein Ende finden konnte. Erst als es Abend wurde, mußte er sich wohl oder übel zurückziehen.

Während der Prinz im Schloß von dem schönen Mädchen träumte, ließ die Prinzessin ihren Segler ins Dock bringen und siedelte in den Palast über, den sie gemietet hatte.

Am Morgen erwachte der Prinz aus seinen Träumen, trat ans Fenster und sah sich nach dem Schiff die Augen aus. Ach Gott, dachte er, ist sie ohne Abschied weitergefahren? »Mein Gott!« wehklagte er, kniete nieder, und in seinem Kummer schlug er mit dem Kopf gegen den Fußboden. Verzweifelt ging er zu seinem Lala, der ihn von Kindheit auf gelehrt und erzogen hatte.

»Ihr habt keinen Grund, traurig zu sein, mein Prinz«, sprach der Lala, nachdem der junge Thronfolger sein Herz ausgeschüttet hatte. »Das Schiff ist gedockt und die Person, die Ihr vermißt, in den Palast vor dem Schloß eingezogen.«

Die unverhoffte Nachricht stimmte den Prinzen froh. Vergnügt begab er sich ins Gartenhaus, sah von dort zu dem Palast hinüber und erblickte die Gesuchte am Fenster, nur daß sie noch anmutiger als in seiner Erinnerung war. Ihre Schönheit kannte nicht ihresgleichen und verwirrte ihn.

Die Prinzessin merkte jedoch, daß sie beobachtet wurde, und zog sich schnell zurück. Da lief er um den Palast herum, bis die Nacht hereinbrach. Wenn ich sie doch noch einmal sehen könnte! dachte er immerfort.

Am nächsten Morgen betrat er erwartungsvoll das Gartenhaus, aber wie groß war seine Enttäuschung, als er sie nirgends entdecken konnte. In seinem Schmerz ging er zur Mutter, gestand ihr, daß er verliebt sei, und gab ihr ein Paar mit Diamanten besetzte Pantoffeln. »Bring ihr doch die Schuhe«, bat er, »und sag ihr, daß ich sie wiedersehen muß. Wenn ich sie nicht wiedersehe, nehme ich mir das Leben.«

Seine Mutter tat ihm den Gefallen, trug die Pantoffeln in den Palast, erfuhr, daß eine Prinzessin ihn gemietet hatte, ließ sich vorführen und sprach: »Meine Prinzessin, mein Sohn, der Prinz, schickt

Ihnen dieses Geschenk. Er wünscht sich, noch einmal Ihr Gesicht zu sehen.«

Die Prinzessin tat, als ob sie nichts gehört hätte, blieb der Besucherin die Antwort schuldig und beachtete sie nicht.

Eine Stunde oder zwei saß die Königin bei der Prinzessin und wartete vergeblich auf eine Nachricht für den Prinzen. Dann riß ihr die Geduld. Sie eilte zu ihrem Sohn zurück und machte ihrem Herzen Luft. »Die Prinzessin ist deiner Zuneigung nicht wert. Sie hat mich behandelt, als wäre ich eine Magd. Dir läßt sie keinerlei Nachricht zukommen, und die schönen Schuhe hat sie irgendeinem Küchenmädchen geschenkt. Mein Sohn, schlag dir deine Flausen aus dem Kopf!«

Als der Prinz sie so reden hörte, wurde er ungemein traurig, begab sich auf sein Zimmer und tat die ganze Nacht kein Auge zu. Er weinte bis zum nächsten Morgen. Dann suchte er Rat bei seiner Mutter, küßte ihr die Hand und sprach: »Ach, liebe Mutter, wenn es einen Menschen gibt, der mir helfen kann, so bist du es. Du hast immer einen Ausweg gewußt. Auch diesmal wirst du einen finden. Bitte denke einmal richtig nach.«

Diese Bitte gefiel der Königin nicht sonderlich, doch ihrem Sohn zuliebe sprach sie: »Ich habe da eine wertvolle Perlenkette, einen kostbaren Familienschmuck. Ich trenne mich ungern davon, weil es ein altes Erbstück ist, aber ich tue dir den Gefallen und werde sie der Prinzessin bringen.«

Der Prinz küßte seiner Mutter erfreut die Hand, und die Königin brachte die Kette in den Palast.

Die Prinzessin nahm wortlos ihren Gruß entgegen, ebenso das schöne Geschenk, ging damit zu ihrem Papagei, der in seinem Käfig unter der Zimmerdecke saß, und der Vogel fraß die Perlen auf.

Noch zorniger als am vorangegangenen Tag kehrte die Königin zu ihrem Sohn zurück. »Denk dir nur, das Frauenzimmer hält sich einen Papagei. Den füttert sie mit Perlen statt mit Vogelfutter.«

Nichts Gutes ahnend, sah der Prinz seine Mutter an. »Die Kette wird sie ihm nicht geben, Mutter.«

»Mein Sohn, sie hat es leider schon getan. Vor meinen Augen hat das Luder alle Perlen aufgefressen.«

Untröstlich lief der Junge auf sein Zimmer und weinte wieder die ganze Nacht. Am Morgen erbat er sich noch einmal Hilfe von seiner Mutter. »Ach, liebe Mutter, ich habe hier einen Koran. Bring ihn ihr doch bitte hin. Vielleicht erhört sie uns aus Ehrfurcht.«

Die Königin seufzte zwar, erfüllte ihrem Sohn jedoch auch diesen Wunsch, überreichte den Koran der Prinzessin, die ihr im Palast die Treppe herunter entgegenkam, entbot dem Mädchen ihren Gruß und trug erneut das Anliegen des Sohnes vor.

Die Prinzessin hörte sie schweigend an, küßte den Koran dreimal und legte ihn aufs Fensterbrett.

»Mein Kind«, sprach da die Königin, gab ihrem Herzen einen Stoß und bat das Mädchen eindringlich, sich ihrem Sohn zu zeigen. »Wenn du es nicht tust, bringt er sich um. Er ist todunglücklich, mein Kind, weint bittere Tränen Tag und Nacht. Zeig ihm doch bitte dein Gesicht.«

Die Prinzessin hörte schweigend zu, und diesmal antwortete sie. »Mutter, ich zeige mich nur gegen einen hohen Preis. Laß eine goldene Brücke bauen, schmücke sie mit Rosen! An ihrem Ende soll der Prinz sein Nachtlager aufschlagen. Wenn er sich zur Ruhe gelegt hat, werde ich zu ihm gehen. Dann kann er mich sehen.«

Die Königin kehrte zu ihrem Sohn zurück, erzählte ihm, was die Prinzessin verlangte, und der Prinz atmete erleichtert auf.

Die Brücke wurde gebaut, mit Rosen geschmückt, das Lager aufgeschlagen, eine Benachrichtigung in den Palast geschickt. Der Prinz begab sich zur Ruhe und sah die Prinzessin, die festlich gekleidet, von ihrem Gefolge begleitet, den Palast verließ, die Brücke betrat, plötzlich aber die Hände vor das Gesicht schlug und zurücklief.

»Ach Gott«, sagte er kläglich zu seiner Mutter. »Sie kam, schritt auf mich zu und kehrte um. Wenn ich nur wüßte, was das zu bedeuten hat.«

Wieder ging die Königin in den Palast. Sie bemerkte, daß das Gesicht der Prinzessin zerstochen war, und erfuhr, daß sie sich an den Dornen verletzt habe. »Wenn mich der Prinz sehen will«, sprach die Prinzessin, »laß eine goldene Brücke bauen, auf der einen Seite goldene, auf der anderen silberne Leuchter aufstellen, am anderen Ende ein Grab ausheben. Danach soll der Prinz sterben. Wenn er im Grab liegt, will ich zu ihm gehen und mich neben ihn legen. Dann kann er mich ansehen, solange er will.«

So wütend wie noch nie kehrte die Königin zu ihrem Sohn zurück. »Mein Sohn, hör dir an, was sich das Frauenzimmer nun wieder ausgedacht hat. Eine goldene Brücke will sie haben, auf der einen Seite goldene Leuchter, auf der anderen silberne. Am Ende der Brücke sollen wir ein Grab ausheben lassen. Danach sollst du ster-

ben. Wenn du im Grab liegst, will sie zu dir gehen und sich an deine Seite legen, damit du sie nach Herzenslust ansehen kannst.«

»Nun gut«, sprach der Prinz, »ich werde vor ihren Augen sterben, aber nur zum Schein. Lebendig will ich im Grab liegen, um herauszufinden, welche List sie diesmal ersonnen hat.«

Die Brücke wurde gebaut, ein jeder Leuchter aufgestellt, das Grab geschaufelt, und von dem Palast aus beobachtete die Prinzessin alles. In der Nacht ließ sie das Schiff vom Dock holen, die Besatzung an Bord gehen, den Prinzen ins Grab steigen. Als er dort lag, ging sie zu ihm, legte sich aber nicht an seine Seite, sondern sprach: »Da ist mein Schiff und ein günstiger Wind nach Stambul.«

Kaum hatte der junge Mann diese Worte vernommen, erhob er sich. Wie Schuppen fiel es ihm von den Augen. »Ach, Mutter«, sprach er, »was habe ich angerichtet! Ich selbst bin an meinem Unglück schuld«, und er erzählte der Königin von dem Kristallpalast und was sich dort zugetragen hatte.

Darauf ging er zu seinem Vater, küßte ihm die Hände und sagte:

»Mein Vater, gestatte, daß ich noch einmal ins Ausland segle. Ich habe ein Unrecht getan, das es wiedergutzumachen gilt. Ich bitte dich, laß mich fahren.«

Der Schah erteilte sein Einverständnis, und der Prinz ging zur Mutter, trug auch ihr sein Anliegen vor. »Ich sehe jetzt einen Ausweg, liebe Mutter. Bitte laß mich fahren.«

Die Königin willigte ebenfalls ein. Mit Erlaubnis seiner Eltern segelte der Prinz fröhlich zu der Insel, ließ vor den Toren des Kristallpalastes ankern, ging an Land, und die Prinzessin, die ihm entgegentrat, führte ihn in eines ihrer Gemächer.

»Meine Prinzessin«, sagte er, »du weißt nicht, was du mir antust.«

»Und du, mein Prinz, vergißt, was du mir bereits angetan hast«, entgegnete sie. »Du kamst, entfachtest das Feuer der Liebe, und ich entbrannte. Du aber verließest mich wieder, denn da war dein Schiff und ein günstiger Wind nach Jemen.«

»Ja, das war unrecht von mir«, gestand der Prinz, »ich habe es längst begriffen und bin dir nachgefahren, weil ich dich um Vergebung bitten will.«

Die Liebenden umarmten sich. Nach allem Kummer und allen Leiden hatten beide ihre Absicht glücklich erreicht.

Zur selben Stunde noch ließ sich die Prinzessin zu ihrem Vater bringen, um ihm alles zu erzählen. Der Padischah dankte Allah. Dann gab er der Tochter seinen Segen.

Gleich wurde die Hochzeit vorbereitet und, sobald alles hergerichtet war, würdig begangen. Vierzig Tage und vierzig Nächte feierte das junge Paar mit den vielen Gästen, die aus der Heimat, aber auch aus Jemen, China, Rußland und anderen Ländern angereist waren. Doch in der Nacht zum einundvierzigsten Tag zog es sich in das Brautgemach zurück, am gemeinsamen Ziel der Wünsche endlich angelangt.

Die findige Frau und der Tiger

Es gab einmal einen Tiger, der für sein Leben gern Menschen fraß, und eines Tages, als dieser Tiger besonders hungrig war, traf er eine Frau mit ihren beiden Söhnen. Was für eine unverhoffte, fette Beute, dachte er, trat aus dem Gebüsch und setzte zum Sprung an.

Doch ehe ich weitererzähle, will ich berichten, wie es zu dieser Begegnung kam.

Die Frau hatte nämlich einen Mann, der sich den lieben langen Tag in Kaffeestuben herumtrieb, während sie zu Hause saubermachte, nähte, flickte, webte, die Kinder lehrte, am Herd stand. Nur zu den Mahlzeiten zog es den Mann heim, aber statt seine Frau zu loben, weil sie so arbeitsam war, setzte es Schelte und Prügel, denn er fand in jeder Suppe ein Haar. Die Frau ließ die Schmähungen über sich ergehen, bis es ihr zuviel wurde. Da nahm sie ihre Kinder und verließ den Mann.

Die drei Leute laufen also zum Dorf hinaus, wandern durch Einöde, Steppe, Wald, und als sie vor einer verdorrten Hecke stehenbleiben, um zu überlegen, ob sie sich nach links oder rechts wenden sollen, teilen sich plötzlich die Büsche, und ein Tiger setzt zum Sprung an.

Er hat es auf die Kinder abgesehen, denkt die Frau verzweifelt. Bist du der Hölle entronnen, um zu erleben, wie deine Lieblinge von einer Bestie zerrissen werden? Zugleich geht sie hart mit sich ins Gericht und bereut, davongelaufen zu sein, statt weiterhin auszuharren und ihre Bürde zu tragen. In ihrer Not fleht sie Gott um Beistand an: »Laß mich nicht im Stich, wie ich meinen Mann im Stich gelassen habe.« Ob der Himmel ihr Gehör schenkt oder nicht, steht in den Sternen. Jedenfalls hat sie eine Eingebung und wendet sich dem Tiger zu.

»Spring noch nicht, halt ein, vernimm erst, was ich dir zu sagen habe! Wir kommen aus einem Ort, der von einem mächtigen Tyrannen beherrscht wird, dem stärksten Löwen der Welt. Täglich entscheidet bei uns das Los, wer sich ihm zum Fraß vorwirft, denn drei Opfer verlangt er ständig, wenn die übrigen Einwohner ungeschoren bleiben wollen. Heute traf es nun meine Kinder und mich. Wir warten hier auf den Löwen, damit er uns holt. Doch wie ich sehe, gelüstet es auch dich nach einer Beute. Tiger, das verstehe ich gut. Nur rate ich dir, nicht unverschämt zu sein. Teile lieber redlich, nimm dir einen meiner Söhne und die Hälfte von mir, damit sich der Löwe nicht übervorteilt fühlt.«

Die Frau blickt dem Tiger scharf in die Augen, und der Tiger blinzelt sie an. »Und was wird der Löwe sagen, wenn er nur die Hälfte der Beute bekommt?« fragt er ängstlich und fletscht beutegierig die Zähne.

Er fürchtet den Zorn des Löwen, denkt die Frau, aber sein Hunger ist groß. In dieser Lage erfindet sie eine zweite Geschichte.

»Und noch einen Rat geb ich dir, Tiger. Wenn du mit dem Fressen fertig bist, Tiger, lauf so schnell wie möglich fort von hier! Ich habe nämlich eine Schwester, eine gefürchtete Zauberin. Sie ist gerade außer Landes, aber heute kehrt sie zurück. Den Löwen wird sie mit Feuer bestrafen, und wenn sie erfährt, daß du die Hälfte von mir und einen ihrer Neffen gefressen hast, wird sie ganz gewiß auch dich verbrennen.«

Die Frau schaut dem Tiger in die Augen und sieht: Die Angst vor dem Löwen und der Zauberin gewinnt die Oberhand. Der Tiger wendet den Blick ab. »Mein Hunger ist zwar gewaltig, aber was hat mir der Löwe getan, daß ich ihm eine halbe Portion entwenden soll, wenn er eine ganze zu erhalten gewöhnt ist? Nein, das wäre ungerecht. Ich lasse dem Löwen, was des Löwen ist, und trolle mich. Irgendwo werde ich schon etwas Freßbares zur Strecke bringen.« Der Tiger rührt die Frau und die Kinder nicht an, sondern schleicht mit leerem Magen weiter, windet sich hin, windet sich her und weiß nicht recht, wo er eine Beute suchen soll. Nach einer Weile läuft ihm sein alter Freund, der Fuchs, über den Weg. Dem erzählt er, was er erlebt hat.

Der Fuchs grinst höhnisch, setzt sich auf die Hinterpfoten und spitzt verschmitzt das Schnäuzchen. »Ich hätte dich für zu klug gehalten, um solchen Unsinn zu glauben. Die Frau ist eine Schwindlerin. Sie hat dich gründlich hereingelegt. Wie töricht, sich einen saftigen Happen entgehen zu lassen.«

»Und woher willst du wissen, daß sie gelogen hat?« fragt der Tiger leicht gekränkt. »Wer sagt dir, daß sie nicht die Wahrheit spricht?«

»Mein Fuchsverstand. Für List und Schläue hab ich Gespür. Doch gut, Freund Tiger, wetten wir. Stellt sich heraus, daß ich mich geirrt habe, ist es mit unserer Freundschaft vorbei, dann kannst du mich in Stücke reißen.«

So schließen die beiden eine Wette ab und kommen überein, sich von der Wahrheit zu überzeugen. Hat sich der Tiger täuschen lassen, muß er den Spott des Freundes ertragen. Sollte er aber recht behalten, wird es dem Fuchs wohl übel ergehen, und damit er nicht entwischen kann, bindet der Tiger ihn mit einem Lauf an seinem Sprungbein fest.

Inzwischen ist die Frau auf einen Baum gestiegen. Zu fliehen hat sie nicht versucht, denn wenn der Tiger es sich anders überlegt, denkt sie, holt er uns mühelos ein. Und richtig, bald erspäht sie den Tiger und neben ihm den Fuchs. Rasch versteckt sie die Kinder, zündet das trockene Gestrüpp an, klettert wieder zu ihrem Beobachtungssitz hinauf und spricht: »Der Löwe hat die Söhne mir genommen. Da ist das Schwesterlein gekommen. Blitzschnell kam sie gerannt, hat den Bösewicht verbrannt, die Gestalt eines Fuchses angenommen, um auch den Tiger in die Flammen zu holen. Kann dort verbrennen und verkohlen.«

»Beachte das Weib nicht«, raunt der Fuchs dem Tiger zu. »Sie ist nichts als eine listige Schwätzerin.«

Der Tiger aber sieht den Rauch, sucht entsetzt das Weite,
und dabei stirbt der Fuchs an seiner Seite.

Uff

Es war einmal ein verwitweter Holzfäller, der lebte mit seinen Töchtern in der Nähe eines großen Waldes. Als der Mann alt wurde, verließen ihn die Kräfte, so daß er keine Bäume mehr fällen konnte. Da suchte er sich eine andere Möglichkeit, den Lebensunterhalt zu bestreiten. »Komm, wir gehen in den Wald!« sprach er eines Tages zu seiner ältesten. »Laß uns Pilze und Beeren sammeln! Die werde ich auf dem Basar verkaufen. Wenn wir kein Geld haben, verhungern wir.«

Sie nahmen geflochtene Körbe, durchstreiften den Wald und mühten sich redlich.

Gegen Mittag klagte der Alte über Atemnot. Vom vielen Bücken schmerzte ihm das Kreuz. Er blieb erschöpft stehen, reckte und streckte sich. »Uff!« schnaufte er. »Meine müden Knochen wollen nicht mehr, Luft zu holen fällt mir schwer. Uff, uff, uff!«

Wie er sich so räkelte und stöhnte, erzitterten auf einmal die Wipfel, ein mächtiger Schatten bedeckte den Waldboden, und Uff, der Riese, stand vor dem Holzfäller. »Wer bist du? Was willst du? Warum hast du mich gerufen?«

»Ich – gerufen?« stammelte der Alte verwirrt. Doch dann dämmerte ihm die Wahrheit, und um den Riesen zu beschwichtigen, sagte er schnell: »Weil ich Ihnen Pilze und Beeren zeigen möchte, liebster Herr Uff, denn die allerschönsten will ich Ihnen schenken.«

»Pilze und Beeren soll ich verzehren?« brummte Uff und lachte, wie nur er lachen konnte. »Der hier gilt mein Begehren. Gib mir deine Tochter zur Frau! Es wird dein Schaden nicht sein.«

Das Kind mit einem Ungeheuer vermählen? dachte der Holzfäller und entgegnete: »Der Antrag ehrt mich, mein werter Herr Uff, aber leider habe ich schon andere Heiratspläne.«

Da bot Uff dem Holzfäller einen großen Klumpen Gold als Brautgeld an. »Hier, mein Baschlikparasi.«

Der Alte erfreute sich am Glanz des Metalls und schwankte zwischen dem Verlangen, es zu besitzen, und seiner Vaterliebe.

»Deine Tochter wird es gut haben«, fuhr Uff fort, als ob er

die Gedanken des Mannes erraten hätte, »wie eine Sultanin wird sie leben, kostbare Kleider tragen. Es soll ihr an nichts fehlen, und wenn du sie besuchen willst, bist du in meinem Felspalast stets ein gerngesehener Gast.«

Mit diesen Worten drückte Uff dem Holzfäller das Gold in die Hand, lud sich das Mädchen auf die Schulter und eilte davon.

»Bist du zufrieden, ging es schnell genug?« fragte er, als sie oben im Gebirge vor den Toren des Palastes angelangt waren.

»Schnell genug? Wie im Flug«, erwiderte des Holzfällers älteste.

Uff trug sie durch das Tor, setzte sie auf ein Kissen, gab ihr ein Schlüsselbund und sprach: »Auf Allahs Geheiß bist du nun mein. Diese Schlüssel seien dein. Nimm dir, was dein Herz begehrt! Nur sei gehorsam, denn Ungehorsam dulde ich nicht. Einundvierzig Zimmer hat mein Palast. In vierzig darfst du hineingehn, das einundvierzigste aber ist dir untersagt.«

Nach dieser Mahnung zeigte er ihr die vierzig Räume, die sie betreten durfte. Vor dem einundvierzigsten hob er warnend den Zeigefinger.

Des Holzfällers Tochter versprach, gehorsam zu sein, und sie zogen sich beide zurück.

Doch am nächsten Morgen hatte er ihr kaum den Rücken gewandt, schon waren alle guten Vorsätze vergessen. Das letzte Zimmer ist gewiß seine Schatzkammer, dachte sie neugierig. Was kann es schaden, wenn ich die Tür einen Spalt öffne und einen Blick hineinwerfe, einen einzigen, flüchtigen Blick?

Sie öffnete die Tür, aber statt sie gleich wieder zuzuschlagen, wie sie sich vorgenommen hatte, erstarrte sie zur Salzsäule, denn in dem Zimmer lagen nicht Gold und Edelsteine, sondern Berge von

Menschenknochen, und an den Wänden hingen große Batzen Menschenfleisch.

Ein Menschenfresser, dachte sie entsetzt, ein Menschenfresser bewohnt den Palast, und ich bin seine Frau.

»Habe ich dir nicht verboten, dieses Zimmer zu öffnen?« ertönte es hinter ihr. »Zur Strafe für deine Neugier sollst du selbst Menschenfleisch essen.« Uff legte eine rohe Lunge auf ein Tablett. »Wage nicht, ein zweites Mal ungehorsam zu sein, sonst bist du des Todes«, sprach er und entfernte sich.

Als er zurückkam, saß seine Frau weinend vor dem Fleisch, das sie nicht angerührt hatte. Da packte er sie und schleppte sie in das einundvierzigste Zimmer.

Einige Tage später stapfte er abermals durch den Wald und plötzlich hörte er die vertraute Stimme des Holzfällers, der mit seiner mittleren Tochter unterwegs war: »Uff, uff, uff...«

»Salam alaikum, Schwiegervater«, grüßte der Riese.

»Alaikum salam, lieber Schwiegersohn«, stieß der Holzfäller hervor. »Sag an, wie geht es meiner ältesten?«

»Sie kann nicht klagen. Nur ein bißchen schweigsam ist sie, recht einsam und verlasssen, aber wie ich sehe, hast du eine Gefährtin für sie mitgebracht. Gib mir auch diese da zur Frau! Sie soll der anderen fortan Gesellschaft leisten.«

Der Holzfäller wollte den Freier abweisen, doch Uff legte ihm wortlos einen Goldklumpen in den Korb, lud sich das Mädchen auf die Schulter, verschwand zwischen den Bäumen und erklomm seinen Felsen.

Im Palast angekommen, setzte er des Holzfällers zweite Tochter auf das Kissen. »Bist du zufrieden? Ging es schnell genug?«

»Schnell genug? Wie im Flug.«

Der Riese gab ihr ein Schlüsselbund und sprach: »Auf Allahs Geheiß bist du nun mein. Diese Schlüssel seien dein. Nimm dir, was dein Herz begehrt! Nur, sei gehorsam, denn Ungehorsam dulde ich nicht. Einundvierzig Zimmer hat mein Palast. In vierzig darfst du hineingehn, das einundvierzigste aber ist dir untersagt.«

Er zeigte der zweiten Tochter des Holzfällers die Zimmer, die sie betreten durfte, und sie gelobte, gehorsam zu sein.

Am nächsten Morgen wollte sie ihre Schwester sehen, ging durch alle Zimmer, die sie betreten durfte, fand die Gesuchte nicht und dachte: Sicher wird sie in dem letzten Zimmer sein. Wem könnte es schaden, wenn ich einen Blick hineinwerfe, einen kurzen, flüchtigen Blick?

So wurde auch sie das Opfer ihrer Neugier, denn kaum hatte sie die Tür einen Spalt geöffnet, erstarrte sie zur Salzsäule. Uff war herangetreten, befahl ihr, eine Menschenlunge zu essen, riet ihr, kein zweites Mal ungehorsam zu sein, und entfernte sich.

Als er zurückkam, war die Lunge verschwunden. »Weshalb liegt sie nicht auf dem Tablett, wo ich sie hingelegt habe?« fragte er.

»Wie sollte sie dort liegen, wenn ich sie gegessen habe?«

»Nun, wir wollen sehen, ob du die Wahrheit sprichst«, sagte er und rief: »Lunge, Lunge, bist du im Magen?«

»In eine schmutzige Matte hat man mich geschlagen«, piepste es aus einer zusammengerollten Bastmatte heraus.

Uff rollte die Matte auf, fand die Lunge und schleppte die zweite Holzfällertochter in das einundvierzigste Zimmer.

Unterdessen war ihr Vater zu Hause angelangt. Er fiel erschöpft auf sein Ruhebett und sprach zu seiner dritten Tochter: »Mein Engelchen, der Tod ist nicht mehr fern. Ich fühle, daß ich dich verlassen muß. Öffne die alte Truhe! Dort findest du einen Goldklumpen, den ich von Uff, dem Riesen, bekommen habe. Nimm dir auch den zweiten Klumpen, der noch im Korb liegt.«

»Warum hat er dir das Gold gegeben, Vater?«

»Für deine Schwestern, mein Engelchen, als Brautgeld. Sie wohnen im Gebirge oben, in seinem Felspalast. Bisher habe ich es dir verschwiegen, aber jetzt sollst du es erfahren. Nimm das Gold und versuche glücklich zu werden!«

Der kranke Holzfäller starb, wurde begraben, und seine jüngste Tochter lebte allein in dem Haus, bis sie glaubte, die Einsamkeit nicht länger ertragen zu können. Da holte sie ihren Bastkorb vom Boden, legte Brot, Oliven, das Gold hinein, setzte die Katze dazu und machte sich auf zum Felspalast.

Tag und Nacht war sie nun im Wald. Nachts schlief sie im weichen Moos. Tagsüber wanderte sie mit Katze und Korb bis hin zum Gebirge. Als sie den höchsten Felsen erklettert hatte, stand plötzlich der Riese vor ihr.

Er war so groß, daß sie den Kopf in den Nacken legen mußte, um ihm in die roten Augen zu sehen. Heiß und kalt lief es ihr über den Rücken, aber sie nahm allen Mut zusammen und grüßte ihn: »Salam alaikum, Herr Uff. Gestattet mir doch allergnädigst, meine Schwestern zu besuchen.«

»Alaikum salam«, brummte Uff, »tritt ein, komm herein, in meinem Palast bist du ein gerngesehener Gast.«

Er händigte ihr die Schlüssel aus, erklärte, welche Zimmer sie öffnen durfte. Sie versprach, gehorsam zu sein, ging am nächsten Morgen durch die vierzig Zimmer, die sie betreten durfte, fand ihre Schwestern natürlich nicht und dachte: Sie werden wohl in dem einundvierzigsten sein. Was tut's, wenn ich einen Blick hineinwerfe, nur einen kurzen, flüchtigen Blick?

Doch kaum hatte sie die Tür einen Spalt geöffnet, erstarrte sie, und Uff befahl ihr, eine Menschenlunge zu essen. Darauf entfernte er sich.

Des Holzfällers jüngste weinte nicht, griff auch nicht zur Bastmatte, sondern steckte die Lunge in ihr Körbchen, wo die hungrige Katze gierig darüber herfiel.

»Weshalb liegt sie nicht auf dem Tablett, wo ich sie hingelegt habe?« fragte Uff, nachdem er zurückgekehrt war.

»Wie könnte sie dort liegen, wenn ich sie gegessen habe?«

»Nun, wir wollen sehen, ob du die Wahrheit sprichst«, sagte er und rief: »Lunge, Lunge, hat man dich in Bast geschlagen?«

»Verschlungen hat man mich, ich bin im warmen Magen«, piepste es leise aus dem Korb, den sich das Mädchen auf den Schoß gestellt hatte.

Diese Kunde erfreute den Riesen so, daß er sich über beide Ohren verliebte. Zufrieden legte er sich mit der Tochter des Holzfällers schlafen und sank bald in einen tiefen Schlaf.

Hoffentlich wacht er nicht gar zu schnell wieder auf, dachte das Mädchen, nahm den Korb und stahl sich vorsichtig hinaus.

Als sie von dem hohen Felsen abgestiegen war, lief sie durch den Wald, bis es dunkelte. Die Nacht verbrachte sie auf dichtem, weichem Moos, doch kaum zeigte sich am Horizont der erste Purpurschimmer, floh sie flink weiter.

Nach drei Tagen bemerkte sie eine Hütte, trat ein, erzählte der alten Frau, die dort wohnte, ihre Geschichte und machte sich in der Küche nützlich. Die Alte lobte ihren Fleiß, ihre Umsicht, vor allem aber ihre Kochkunst. »Laß mich eine Probe deines Könnens in den Palast des Padischahs bringen«, erbot sie sich.

»Wozu, Großmutter, willst du das tun?« fragte die Tochter des Holzfällers verwundert. »Ist der Padischah so arm, daß er sich keine Köche leisten kann?«

»Das nicht, Kind, Köche leistet er sich wohl, aber er hat einen Sohn, der unter Weltschmerz leidet. Traurig sitzt er vor dem Essen und rührt es nicht an. Dünn wie Schnittlauch ist er schon geworden. Da hat sein Vater bekanntgeben lassen, diejenige, die den Prinzen dazu bringt, daß er wieder Appetit verspürt, soll seine Frau werden.«

»Gut, dann will ich mein Glück versuchen«, sagte die Tochter des Holzfällers und ging sofort an die Arbeit, dünstete Weinlaub, Hammelfleisch und Reis, briet gefüllte Auberginen, buk würzigen Käsebörek, während die Alte den Maulesel vor den Holzkarren schirrte, um das Essen zum Palast zu fahren.

Doch als sie dort ankam, wollte die Wache sie nicht einlassen, weil sie so alt und häßlich war. Nur der köstliche Duft der Speisen machte, daß man sie dem Prinzen schließlich auftrug, und was keiner für möglich hielt, geschah. Bis auf das letzte Reiskorn wurde alles aufgegessen.

Nach dieser wunderbaren Wende fuhr die Alte täglich zum Palast des Padischahs. Der Prinz aß, was die Tochter des Holzfällers angerichtet hatte, hörte auf dahinzusiechen, kam wieder zu Kräften, und seine Genesung beschleunigte sich noch, als er hörte, daß das alte Mütterchen nur die Überbringerin der guten Dinge, die Köchin selbst aber ein schönes junges Mädchen sei.

Alle Vorbereitungen zur Hochzeit wurden getroffen. Eine königliche Kutsche fuhr bei der Hütte vor, um die Braut zu holen.

»Leb wohl, Großmutter«, sagte das Mädchen zum Abschied und reichte der Alten das Gold, das ihr der Vater hinterlassen hatte, »nimm dieses Geschenk zum Zeichen meiner Dankbarkeit für alles, was du getan hast. Möge es dir zur Freude gereichen!«

Die Kutsche fuhr ab, die gute Frau war mit ihrem Maulesel und dem Gold allein, doch bald schon sollte sie unerwarteten Besuch bekommen.

Auf dem Felsplateau erwachte nämlich der Riese aus seinem vierzigtägigen Schlaf, stellte fest, daß des Holzfällers Jüngste nicht neben ihm lag, und weil er sich nach ihr sehnte, suchte er sie überall, in sämtlichen Räumen des Palastes, auf dem Felsen, im Wald. Er gelangte auch zu der Hütte, bückte sich, steckte die Nase durch das Fenster und fragte: »Weib, hält sich mein Bräutchen bei dir auf?«

»Ein Bräutchen? Nein. Außer mir ist niemand hier.«

»Ich rieche aber frisches, junges Menschenfleisch«, widersprach der Riese und schnüffelte.

Als die Alte ihn so reden hörte, bekam sie einen Schreck. »Ja, wenn du vielleicht des Holzfällers Töchterchen meinst«, sagte sie ängstlich, »die ist freilich hiergewesen, hiergewesen und auf und davon, vor Stunden schon zum Palast geeilt, um zu heiraten.«

»Zum Palast geeilt, um zu heiraten«, wiederholte Uff, der glaubte, das Mädchen sei zu ihm zurückgekehrt, um seine Frau zu werden. »Dann haben wir uns verfehlt«, und so schnell ihn seine Riesenfüße trugen, suchte er im Wald, im Gebirge, im Palast. Doch alle Mühe war umsonst. Da setzte er sich schließlich auf die Erde, stützte den Riesenkopf in die Hände und grübelte, und als er lange und anstrengend genug gegrübelt hatte, wußte er, in welchen Palast die jüngste Tochter des Holzfällers geeilt war und wen sie geheiratet hatte.

Einen furchtbaren Schrei stieß er aus, trat dann an den Rand des Felsens, sah den gähnenden Abgrund unter sich und stürzte sich vor Wut und Kummer in die Tiefe.

Im Palast des Padischahs aber fand die Hochzeitsfeier statt. Vierzig Tage und vierzig Nächte währte das Fest, von dem man heute noch in China, Persien, Indien und anderswo spricht.

Das verzauberte Kammermädchen

Vor wer weiß wie vielen Tagen und mindestens ebenso vielen Jahren, als die Siebe in der Spreu lagen, die Diebe noch Wesire waren, als die Eier die Hühner legten, die Hühner noch die Straßen fegten, die Schafe als Ausrufer gingen, die Feigen an Aprikosenzweigen hingen, die Fliegen noch Ziegen fingen, da war einmal, was keinmal war.

Es war einmal ein Vogelhändler, der mit seiner Familie eine Hütte am Waldrand bewohnte. Fast täglich fing er einen Vogel, und die schönsten der gefiederten Sänger, die ihm in die Falle gingen, verkaufte er auf dem Basar. Von den Einnahmen bestritt er den Lebensunterhalt. Sie schwelgten nicht gerade in Saus und Braus, Vater, Mutter und Sohn, aber recht und schlecht kamen sie aus, bis es eines Tages der Zufall wollte, daß der gute Mann im Wald von einem Unwetter überrascht und vom Blitz erschlagen wurde.

Nach dem Tod des Familienoberhauptes zog die Not in die Hütte ein. Das Elend bedrückte den heranwachsenden Jungen. Lange ertrug er das bittere Los geduldig, doch schließlich fragte er seine Mutter: »Als ich noch klein war, hatten wir immer satt zu essen. Wie kommt es, daß wir heute hungern müssen?«

»Solange dein Vater lebte, wußten wir nicht, was Armut ist, das stimmt«, antwortete die Witwe. »Er stellte den Vögeln nach, fing und verkaufte sie. Mit dem Geld, das er verdiente, kaufte ich Lebensmittel ein.«

»Und wie hat er die Vögel gefangen, Mutter?«

»Mit einer Falle, Söhnchen, bei den riesigen Platanen, wo ihn der Blitz getroffen hat. Die Falle hängt auf dem Boden unterm Dach.«

Der Junge stieg die Leiter hoch, fand, was er suchte, ging in den Wald, erkletterte einen Baum, brachte oben die Falle an, verbarg sich hinter einer Hecke und wartete. Eine Viertelstunde oder noch länger, nachdem er die Falle aufgestellt hatte, raschelte und rauschte es ganz merkwürdig. Neugierig sprang er hervor und sah, daß ein Storch gefangen war.

Das Tier klapperte mit dem Schnabel und fing wie ein bedrängter Mensch zu bitten und zu betteln an. »Gib mich frei! Du sollst es nicht bereuen. Ich werde dir stets dankbar sein und dich reich belohnen.«

Als der Junge das hörte, lachte er schallend. »Willst du Frösche für mich fangen und mich in deinem Nest bewirten, oder was gedenkst du mir zu schenken?«

»Ich komme weit herum durch die Lüfte und gelange sogar dorthin, wo der schönste Vogel der Welt zu finden ist. Den hole ich dir, damit du ihn teuer verkaufen kannst.«

Der Junge glaubte dem Storch kein Wort, aber er hatte ein gutes Herz, und aus Mitleid schenkte er dem Tier die Freiheit.

Auch an den folgenden Tagen stellte der Junge im Wald die Falle auf. Meistens kehrte er mit leeren Händen zurück, doch hin und wieder hatte er Glück, und einmal gelang ihm ein Fang, den er sich nicht zu erträumen gewagt hätte.

»Was trägst du für ein herrliches Gefieder!« rief er beim Anblick des Vogels begeistert aus.

Da schwebte der Storch von einem Baum herab, landete vor dem Jungen und riet ihm: »Bringe ihn dem Sultan! Es ist der schönste Vogel der Welt. Seine Federn glänzen wie Gold und Diamanten, und eine Stimme hat er, die Steine erweichen kann. Es ist genau das, was dein Gebieter sucht. Paß auf, er zahlt dir einen hohen Preis dafür.«

Der Junge ging zum Palast und erhielt einen prall gefüllten Geldbeutel – so viele Lire waren darin, daß es jahrelang reichte.

Der Sultan fand Gefallen an dem Vogel, bewunderte täglich das bunt schillernde Gefieder, und weil er sich regelrecht vernarrte, ließ er ihm einen goldenen Käfig errichten.

Ein Wesir aber neidete dem Jungen die große Summe, die er lieber selbst gehabt hätte, und beschloß, sein Mütchen an ihm zu kühlen. »Ein entzückendes Federkleid«, sagte er zu dem Sultan, der gerade wieder den prächtigen Vogel betrachtete. »Ich bin gewiß, daß er zauberhaft singen kann, Efendim. Leider schweigt er voll Trübsinn vor sich hin. Ein goldener Käfig ist nicht gut genug für ihn. Nein, ihm gebührt ein Schlößchen aus Elfenbein.«

»Das würde ich herzlich gern erbauen lassen«, erwiderte der Sultan, »aber wo nehme ich die vielen Stoßzähne her?«

Da lächelte der Wesir listig. »Wer so einen Vogel fangen kann, der wird auch das nötige Elfenbein herbeiholen können.«

Der Sultan ließ den Vogelhändler rufen und befahl ihm, genügend Zähne für ein Elfenbeinschlößchen zu beschaffen.

»Majestät – mein Herr und Gebieter!« rief der junge Mann erschrocken aus. »Das wären Hunderte, wenn nicht Tausende! Woher soll ich sie nehmen? So viele Elefanten erlege ich mein Lebtag nicht.«

»Tu, was ich dir befehle«, entgegnete der Sultan ungerührt, »oder du büßt mir deinen Ungehorsam mit dem Leben. Ich gebe dir vierzig Tage Zeit. Hast du bis zum Ende dieser Frist das Elfenbein nicht beschafft, lasse ich dir den Kopf abschlagen.«

Ratlos machte sich der Jüngling auf den Heimweg. Plötzlich schwebte der Storch heran, landete und fragte: »Hast du Kummer, daß du ein so trauriges Gesicht machst? Was bedrückt dich? Was grübelst du? Warum schleppst du dich lustlos durch den Staub?«

»Ach, es ist nur, daß ich geköpft werden soll und mich von meinem Kopf nicht trennen mag«, antwortete der junge Mann und klagte dem Vogel sein Leid.

»Wenn es weiter nichts ist, hast du keinen Grund, betrübt zu sein«, tröstete ihn der Storch, »die nötige Menge Elfenbein läßt sich natürlich beschaffen. Das ist gar nicht allzu schwer. Geh zum Palast, fordere vierzig Fuhren Wein! Die bringst du zur großen Elefantentränke. Dort erwarte ich dich auf einem Baum.«

Es geschah alles so, wie der Storch vorgeschlagen hatte. Der Sultan runzelte zwar die Stirn, weil ihm der Wunsch – vierzig Fuhren Wein! – ziemlich unbescheiden erschien, aber als er hörte, daß es der Preis für das Elfenbein sein sollte, willigte er ein.

Der junge Mann führte die vierzig Gespanne zu der großen Elefantentränke, die fast völlig ausgetrocknet war, und der Storch empfahl ihm, den Wein hineinlaufen zu lassen.

Die geplatzte Erdkruste wurde feucht, der Boden bedeckte sich, die Grube füllte sich, und als sämtliche Weinschläuche geleert waren, kletterte der Junge gespannt zu dem Storch auf den Baum hinauf.

Gegen Abend kamen erhitzt, nach Wasser lechzend die Elefanten angetrampelt, tranken und tranken, wälzten sich in der Tränke, prusteten, bespritzten sich Rücken und Flanken und trompeteten voll Wohlbehagen.

Nachdem sie ihren Durst gestillt und sich abgekühlt hatten, wurden sie so müde, daß sie schwerfällig das Weinbad verließen, am Ufer umfielen und einschliefen.

»Jetzt ist es Zeit, die Zähne zu holen«, sprach der Storch, und der junge Mann folgte seinem Rat, sägte den Elefanten die Stoßzähne ab, belud alle vierzig Wagen und fuhr damit zum Sultanspalast.

»Dein war der Wein, mein ist das Elfenbein«, rief der Sultan beglückt aus, als die Wagenkolonne vor den Toren hielt, und er befahl, unverzüglich mit dem Bau zu beginnen.

Drei Tage und drei Nächte brauchten seine tüchtigen Handwerker, dann erhob sich neben dem prunkvollen Sultanspalast ein zierliches Schlößchen aus Elfenbein. Der bunt gefiederte Vogel bezog sein neues Heim, setzte sich auf den Fenstersims und blickte sehnsüchtig in die Ferne.

»Das verstehe, wer will«, klagte der Sultan dem Wesir, »jetzt hat er alles, was er sich wünschen kann, aber er schweigt noch wie zuvor. Sag mir, was hat er nur? Warum singt der Vogel nicht?«

»Mein Herr, dafür kann es nur eine Erklärung geben«, antwortete der Wesir. »Ehe er gefangen wurde, lebte er bei einer Person, die er sehr liebte. Nun fühlt er sich verlassen, Efendim, und die Sehnsucht macht ihn stumm. Wenn wir uns an seinem Gesang erfreuen wollen, müssen wir den früheren Besitzer finden.«

»Und wo sollen wir ihn suchen?« fragte der Sultan den Wesir.

»Efendim, wer den Vogel gefangen und das Elfenbein geholt hat, der wird auch diese Aufgabe lösen«, erwiderte der verschmitzte Minister.

Das möchte ich meinen, dachte der Sultan.

Er ließ den Vogelhändler rufen. »Mein Sohn, ich möchte, daß du mir den ehemaligen Besitzer des Vogels ausfindig machst und in meinen Palast bringst«, sprach er zu dem jungen Mann.

»Aber ich habe diesen Vogel im Wald gefangen, mein Gebieter. Woher soll ich wissen, wem er vorher gehörte?«

»Wenn du es nicht weißt, mußt du es herausbekommen, mein Sohn, so dir das Leben lieb ist. Ich gebe dir vierzig Tage Zeit. Entweder bringst du mir rechtzeitig die Person, oder es kostet dich den Kopf.«

Diesmal vergoß der Junge unterwegs Tränen.

Wieder schwebte der Storch herbei, landete und fragte: »Was grämst du dich? Warum weinst du? Warum bist du so verzweifelt?«

»Ach, das Schlößchen ist wohl fertig, aber meine Zukunft deshalb nicht weniger düster«, jammerte der Vogelhändler und klagte dem Vogel sein Leid.

Der Storch legte den Kopf zurück und ließ den Schnabel klappern. »Lauf zum Sultan zurück, bitte ihn um ein Schiff mit einer vierzigköpfigen Mädchenbesatzung, einem schönen Garten und einem Bad an Bord! Ehe du in See stichst, nenne ich dir den Kurs. Dann wirst du die Vogelbesitzerin finden.«

Der junge Mann tat, wie ihm geheißen, erhielt das Schiff und führte es als sein Kapitän.

Ehe die Leinen losgemacht wurden, schwebte der Storch herbei. »Fahre in westlicher Richtung die Küste entlang, bis du auf dem Meer eine bergige Insel siehst. Dort wohnen die Heiteren. Allabendlich gehen sie an den Strand, um beim Rauschen der Brandung zu entspannen. Sobald sie kommen, laß ein Boot aussetzen und fahre zu ihnen. Da sie noch nie von einem Schiff mit Garten und Hammam gehört haben, werden sie neugierig sein, und die Königstochter wird es besichtigen wollen. Wenn sie an Bord ist, entführe sie. Aus ihren Gemächern habe ich dir den schönen Vogel geholt.«

Der Kapitän bedankte sich für den Rat, ließ Kurs auf die bergige Insel nehmen, vor ihrer Küste Anker werfen. Gegen Abend verließen die Heiteren ihre Häuschen, um das Meeresrauschen zu genießen, und der Kapitän ruderte an Land.

Der König hieß ihn willkommen. Dann deutete er auf das Schiff, das im purpurroten Glanz der Abendsonne vor Anker lag. »Was ist das für ein Dingsda mit so edler Blütenpracht?«

»Ein schwimmender Rosengarten. Mein Gebieter schickt mich, damit deine Tochter zwischen den Blüten spazierengehen und sich an ihrem Duft erfreuen kann. Die vierzig Mädchen meiner Besat-

zung sind bereit, ihr den Aufenthalt angenehm zu machen.«

Nachdem der König und der Kapitän noch einige Worte gewechselt hatten, kehrte das Ruderboot zum Schiff zurück, und die Besatzung begrüßte die Prinzessin, die sich herumführen ließ und die zarten Blüten und Knospen bewunderte. Dann entdeckte sie die Kuppel des Hammam und verkündete, ein Bad nehmen zu wollen.

Der Wunsch wurde erfüllt. Doch kaum hatte sich die Tür des Hammam hinter ihr geschlossen, ließ der Kapitän die Anker lichten, und das Schiff nahm Kurs auf den Heimathafen.

Als die Königstochter aus dem Bad kam, wandte sie den Blick dem Himmel zu, an dem schon einige blasse Sterne blinkten. Da bemerkte sie, daß die Segel gesetzt waren, und schlug schluchzend die Hände vors Gesicht. Drei Mädchen brachten sie zu Bett. »Wir sind gekommen, um dich in einen schönen Palast zu bringen«, erklärten sie zum Trost. »Dort wirst du deinen bunten Vogel wiedersehen. Wenn du willst, werden dich deine Eltern besuchen, und sooft du es wünschst, kannst du im Hammam baden, aber auch sonst soll es dir an nichts fehlen.«

Sie fuhren, bis im Sultanat die Kanonen der Hafenfeste ihre Ankunft verkündeten. Unter dem Donner des Saluts begrüßte der Herrscher das anmutige Mädchen und war augenblicklich verliebt.

Die ganze Residenz wirkte wie umgewandelt. Das Volk jubelte. Im Elfenbeinschlößchen ließ der schillernde Vogel seine Stimme erklingen, und alle Menschen lauschten andächtig dem herrlichen Gesang.

Natürlich wurden Sultan und Königstochter Mann und Frau. Vierzig Tage, vierzig Nächte dauerte die Feier, und nach der Hochzeit herrschte kurze Zeit Sonnenschein. Doch plötzlich fiel ein Schatten auf das Glück der Jungvermählten, denn die Sultanin erkrankte. Der Kopf drohte ihr zu zerspringen, der Nacken tat entsetzlich weh, das Herz, die Brust, der Rücken schmerzten. Manchmal stöhnte sie leise vor sich hin, manchmal schrie sie laut vor Pein.

»Meine Gemahlin, was fehlt dir?« fragte der Sultan besorgt, und sie vertraute sich ihm an.

»Eine Medizin aus Heilkräutern, die auf meiner Heimatinsel gedeihen, könnte die Schmerzen lindern.«

Wieder ließ der Sultan den Vogelhändler rufen, wieder trug er ihm seine Wünsche auf. »Fahre noch einmal zu der Insel, beschaffe die heiter machende Heilkräutermedizin. Bringe sie so schnell wie möglich her!«

Das Schiff wurde klar zum Auslaufen gemacht, und aus der Höhe schwebte der Storch herab. »Treibt es dich in die Ferne, weil Frau Sultan Heimweh hat?« Er riß sich eine Feder aus und gab sie dem Kapitän. »Wenn du die Insel der Heiteren betrittst und vor dem Palast auf zwei Löwen stößt, fahre ihnen damit über die Lippen. Dann lassen sie dich vorbei, und du gelangst in den Besitz der Medizin, die eine Dienerin für dich bereithält.«

Der Kapitän bedankte sich, und der Storch wünschte eine gute Fahrt.

Als das Heiterenland in Sicht kam, betrachtete der Kapitän

durch sein Fernglas die Hügel, die Häuschen der Einwohner, den Palast. Vor der Küste ließ er ankern und ruderte hinüber. Am Palaisgarten bemerkte er zwei Löwen, die den Eingang bewachten. Furchtlos schritt er auf sie zu, berührte ihre Lippen mit der Storchenfeder und trat ungehindert ein.

Er überlegte noch, ob er weitergehen sollte, da erblickte er im Schatten eines Olivenbaums eine Dienerin, die ihn erwartete, denn der Storch hatte ihn angekündigt. Sie reichte ihm die Medizin, und er verabschiedete sich dankbar.

Froh gestimmt, ruderte er zu seinem Schiff zurück, befahl, die Anker zu lichten. Mit vollen Segeln gingen sie vor den Wind.

Bald war der Heimathafen angelaufen. Da schwebte der Storch von einem Baum herab, setzte sich dem Kapitän auf die Schulter und ließ sich in den Palast tragen.

An einem Fenster des Gemachs, in das die Gäste geführt wurden, schaute die Frau des Sultans traurig auf das Meer hinaus. Inzwischen war sie so schwach geworden, daß sie sich kaum noch regen konnte. Aber als sie den Storch erblickte, siegte der Haß über ihre Schwäche. Wie von der Feder geschnellt, fuhr sie hoch, lief ihm entgegen, weinte und schrie. »Du gemeines Weibsstück begnügst dich nicht mit dem Unheil, das du über mich gebracht hast? Du kommst auch noch her, um dich an meinem Zustand zu weiden?«

Der Storch schüttelte den kleinen, runden Kopf mit dem langen Schnabel. »Ich habe für jeden nur das Beste gewollt«, und der Kapitän ergriff des Vogels Partei. »Ihr tut ihm unrecht, Frau Sultanin. Er hat mir zu Eurer Wundermedizin aus dem Heiterenland verholfen.«

Das Geschrei lockte den Sultan herbei. »Was geht hier vor?« fragte er streng. »Was will der Storch? Was hat der Aufruhr zu bedeuten?«

Seine Frau nahm ein wenig von der Medizin aus den heimatlichen Kräutern ein, und während sie zusehends zu Kräften kam, beantwortete sie die Fragen ihres Gemahls. »Der Storch ist meine ehemalige Zofe, die mich eines Tages so sehr ärgerte, daß ich sie verwünschte. Doch sie rächte sich, indem sie mich entführen ließ. Heute aber ist es ihr zu danken, daß ich wieder froh und glücklich bin. Darum will ich sie zurückverwandeln.«

Die Sultansfrau packte den Storch, schüttelte ihn ein-, zwei-, dreimal kräftig durch, und aus dem Vogel wurde ein Mädchen, dessen Schönheit der Anmut ihrer Herrin kaum nachstand.

Ja, und dann wendete sich alles zum Guten. Der Sultan nahm den jungen Mann wie seinen Sohn auf, gab ihm das ehemalige Kammermädchen zur Frau. Großartig wurde Hochzeit gefeiert, vierzig Tage, vierzig Nächte lang, und unter den Gästen war auch des Bräutigams alte Mutter zu finden.

Wenige Wochen später fuhr das Schiff abermals zum Heiterenland, um die Eltern der Sultansfrau zu holen, denn sie waren eingeladen, die Tochter und den Schwiegersohn zu besuchen und sich beim Gesang des bunt gefiederten Vogels des Glücks ihrer Kinder zu freuen.

Wie traurig war die Sultansfrau, todkrank ist sie gewesen.
Das wissen alle ganz genau, die dieses schöne Märchen lesen.
Nun lebt sie glücklich und zufrieden. So sei's dem
Leser auch beschieden.

Klein Kahli

In einem Dörfchen lebte einst ein Bursche, den die Leute »Klein Kahli« nannten, obwohl er den Babyjahren längst entwachsen, weder pausbäckig noch klein und ein echter Wuschelkopf war, eine Seele von Mensch, mit dem Herzen auf dem rechten Fleck, gewitzt und fleißig, ein junger Mann, den jeder im Dorf gut leiden mochte. Freilich besaß er kaum mehr als das Dach über dem Kopf, weshalb er jede Gelegenheit ergriff, bei den Nachbarn ein paar Piaster zu verdienen. So gelang es ihm, sich und seine Mutter durchs Leben zu schlagen.

Fragte jemand: »He, Klein Kahli, möchtest du bei mir Oliven pflücken?« erwiderte er bereitwillig: »Klar, versteht sich, selbstverständlich, wird gemacht.«

Erkundigte sich ein anderer, ob er Lust habe, einen Zaun zu reparieren, kam ohne Zögern die Antwort: »Klar, natürlich, mit Vergnügen.«

Kurz und gut, er half, wo er konnte, und tagelöhnerte, bis ihm ein Holzfäller, dem er es besonders angetan hatte, aus Großmut eine Axt schenkte.

Da bat er die Nachbarn, sich seiner Mutter anzunehmen, zog frisch und wohlgemut in den Wald und schlug fast ein halbes Jahr lang Holz. Als er fünf Stapel aufgeschichtet hatte, schaffte er sie zu einem Händler, der ihm dafür fünf Goldstücke bot.

Darauf kehrte er nach Hause zurück, erstand einige Geschenke für seine Mutter, und mit vier Goldstücken in der Tasche machte er sich auf, eine einträgliche Arbeit zu suchen.

Bald traf er einen Mann, der seine Katze ertränken wollte. Aus Mitleid kaufte er sie ihm für ein Goldstück ab. Die Katze erwies sich als anhänglich und blieb ihm immer treu auf den Fersen.

Am nächsten Tag sah er einen Wüterich, der im Begriff stand, seinem Spitz die Kehle durchzuschneiden.

»He«, rief er, »Freundchen, tu das nicht! Überlaß den Köter mir! Ich gebe dir ein Goldstück dafür.«

Damit war der Kerl einverstanden, und Hund und Katze liefen ihrem Lebensretter gemeinsam nach, einträchtig Seite an Seite.

Am dritten Tag begegnete er einer alten Frau, die eine Schlange in einen Sack steckte, ihn zuband und sich anschickte, das Reptil zu erschlagen.

»He«, rief er, »Großmutter, tu das nicht! Überlaß das Tier mir! Ich gebe dir ein Goldstück dafür.«

»Ich bin keine Händlerin«, sagte die Alte und weigerte sich, ihm die Schlange zu verkaufen. Erst als er ihr auch sein letztes Goldstück anbot, schnürte sie schweigend den Sack auf.

Danach gingen sie beide zufrieden weiter, und die Schlange folgte ihm wie Hund und Katze in die Ferne.

Am nächsten Morgen beobachtete er einen Bauern bei der Wassermelonenernte, bot ihm seine Dienste an und brauchte drei Tage, um ein großes Feld zu räumen. Von dem Geld, das er verdiente, kaufte er sich ein Brot und Futter für die Tiere.

Bei der Mahlzeit im Schatten eines Feigenbaums hob die Schlange plötzlich mit Menschenstimme zu sprechen an: »Ich bin der Sohn eines Dschinn. Mein Vater ist König der hilfreichen Luftgeister, die du weder greifen noch berühren kannst. Weil du mir das Leben gerettet hast, werde ich dich zu ihm bringen.«

Nach diesen Worten verwandelte sich die Schlange in ein fliegendes Roß. Klein Kahli schwang sich empor, Hund und Katze sprangen auf den Pferderücken, und die Reise begann.

Unterwegs sprach der Sohn des Dschinnkönigs zu seinem Lebensretter: »Bald wirst du die Türme seines Schlosses sehen. Fast zehn Jahre hättest du zu Fuß dorthin gebraucht. Wenn du vor ihm stehst, bitte ihn um das Siegel, das er unter seiner Zunge trägt. Dies sei der Lohn für deine gute Tat.«

Kaum hatte der Königssohn ausgesprochen, erblickten sie schon das Schloß. Vor dem Portal landeten sie, der Sohn des Dschinn-

königs verwandelte sich in sich selbst zurück, dann gingen sie hinein.

Der Prinz begrüßte seinen Vater, erzählte ihm, was geschehen war, und der König wandte sich an den Fremden: »Sprich, was kann ich für dich tun?«

»Majestät, ich bitte Euch, um das Siegel, das Ihr unter der Zunge tragt.«

Da wiegte der König den Kopf und erhob die Hände. »Nimm dir Gold, Perlen, Edelsteine, soviel du willst, meinethalben einen Sack voll, nur laß mir mein Siegel!«

Einen ganzen Sack, eine ansehnliche Menge, überlegte Klein Kahli und fand, daß es nicht schlecht wäre, mit solchen Reichtümern nach Hause zurückzukehren, doch er dachte auch daran, was ihm der Prinz geraten hatte, und beharrte so lange auf seinem Wunsch, bis ihn der König seufzend erfüllte.

Klein Kahli verabschiedete sich, und der Prinz begleitete ihn zum Tor. »Du ahnst gewiß, daß es kein gewöhnliches Siegel ist«, sagte er, »du hast gesehen, wie ungern sich mein Vater davon trennte, aber weil du mir das Leben gerettet hast, blieb ihm nichts anderes übrig, als es schließlich doch zu tun. Ja, es ist ein Siegel besonderer Art. Wenn du einen Wunsch hast, brauchst du nur daran zu lecken. Schon erscheint ein schwarzer Riese, um für dich zu tun, was dein Herz begehrt.«

Klein Kahli bedankte sich und trat mit dem Hund und der Katze den langen Weg zu seiner Mutter an. Sie liefen und liefen, gingen über Hügel und durch Täler, und als es Abend wurde, stillten sie ihren Durst mit reinem Quellwasser. Danach rasteten sie unter einem Baum. »Satt getrunken hätten wir uns glücklich«, sann Klein Kahli vor sich hin, »laßt mich überlegen, ob wir nicht auch etwas gegen unseren Hunger tun können.« Und wie er so dalag, den Kopf in die verschränkten Hände gebettet, und das grüne Laubwerk ansah, schien der Wind in den Blättern zu lispeln: »Grüße vom Dschinn, dessen Bote ich bin.«

Da fiel Klein Kahli das Siegel ein, und kaum hatte er daran geleckt, stand ein gewaltiger schwarzer Riese vor ihm, gruselig anzuschaun, denn seine Oberlippe berührte die Sterne, während seine Unterlippe die Erde streifte. »Schnipp, schnapp! Schwipp, schwapp! Hin und her. Was ist dein Begehr?«

Du mein Schreck, auf welches Abenteuer habe ich mich da eingelassen? dachte Klein Kahli entsetzt und spürte, daß ihm sämtliche Haare zu Berge standen, aber der Hunger besiegte die Furcht. »Meine Bitte sei ein Lämmchen für drei«, flüsterte er, schloß die Augen, und als er zaghaft zu blinzeln wagte, war der Riese verschwunden. Dafür stand ein Tablett mit knusprigem Hammelbraten einladend bereit.

Jetzt war die Freude groß. Klein Kahli, die Katze, der Hund machten sich über das Fleisch her und schliefen gesättigt ein.

Als der Junge am Morgen erwachte, dachte er: Das Abendessen und die Nachtruhe haben wohlgetan, aber der Weg nach Hause ist noch weit. Müssen wir denn zehn Jahre laufen, wenn ich das Zaubersiegel habe?

Wieder leckte er daran, und wie aus dem Boden gestampft, stand der schwarze Riese vor ihm. »Schnipp, schnapp! Schwipp, schwapp! Hin und her. Was ist dein Begehr?«

»Meine Bitte sei ein Flug für uns drei«, sprach Klein Kahli; und schon war der Riese verschwunden, und ein fliegender Teppich lag bereit.

Das wurde nun eine rasche Heimkehr zur Mutter, die Sehnsucht und Sorgen ganz mager gemacht hatten. Doch bei dem guten Essen, das ihr Sohn auftragen ließ, kam sie bald wieder zu Kräften. Nach mehreren Tagen war sie so weit hergestellt, daß sie als Brautwerber zum Palast des Padischahs gehen konnte.

Doch die Wachen dort weigerten sich, sie einzulassen. »Du bist wohl zum Scherzen aufgelegt, daß du dir so ein hübsches Späßchen ausgedacht hast, Großmutter?« fragten sie und lachten. Da sie die ärmlich gekleidete Frau für eine Bettlerin hielten, gaben sie ihr nicht nur gute Wünsche, sondern auch einen Piaster mit auf den Weg.

Ihr Sohn erwartete sie ungeduldig, hörte sich an, was sie zu berichten hatte, ließ sich von dem Riesen kostbare Kleider bringen, bat sie, ihr Glück erneut zu versuchen, und obwohl sie lieber in ihrer Hütte geblieben wäre, tat sie ihm den Gefallen, den Weg noch einmal anzutreten.

An diesem Tage wurde sie gnädiger aufgenommen. Die Palastwache schickte sie nicht fort, sondern ließ sich sogar erweichen, dem Herrscher zu melden, daß ihn eine alte Frau zu sprechen wünsche.

»Nun gut, mag sie eintreten«, entschied der Padischah, der gerade bei guter Laune war, doch als er aus dem Munde der Besucherin erfuhr, daß sie im Namen ihres Sohnes um die Hand der Prinzessin anhalten wollte, verfinsterte sich seine Miene. »Weib, bestelle deinem Sohn, daß er binnen vierzig Tagen einen Palast zu errichten hat, der dem meinen an Größe und Pracht nicht nachsteht«, entgegnete der Herrscher. »Entweder er tut, was ich sage, und erhält meine Tochter zur Frau, oder sein Kopf gehört mir.«

Diesmal ging die Frau sehr langsam nach Hause. »Mein Söhnchen, was machen wir nur?« fragte sie, nachdem sie die Botschaft des Padischahs überbracht hatte. »In so kurzer Zeit kann kein Mensch einen Palast erbauen, und wenn du es nicht schaffst, hast du dein Leben verwirkt.« Vor lauter Verzweiflung begann sie zu weinen.

»Laß die Tränen, Mutter, ich gedenke nicht, mich köpfen zu lassen«, sagte ihr Klein Kahli zum Trost. »Ich ziehe es vor, die Prinzessin zu heiraten.«

Neununddreißig Tage verstrichen, ohne daß ein Fundament gemauert wurde. Dann leckte Klein Kahli an dem Siegel und bestellte sich bei dem schwarzen Riesen einen Palast, der über Nacht geschaffen werden sollte. »Gegenüber dem des Padischahs«, fügte er hinzu, »und noch besser gemacht an Ausmaß und Pracht.«

Der junge Tag dämmerte herauf, da warf der Herrscher einen Blick durchs Fenster und traute seinen Augen nicht. Vor ihm erhob sich ein Palast, gegen den sich sein eigener wie ein Hühnerstall ausnahm.

Wieder schickte Klein Kahli seine Mutter, damit sie um die Hand der Prinzessin anhalte.

Der Padischah empfing sie mit den Worten: »Bestell deinem Sohn, daß er ein reich verziertes Hochzeitskleid besorgen soll, dann kann er meine Tochter haben.«

Auch diese Botschaft überbrachte die Mutter dem Sohn, der bei dem schwarzen Riesen ein mit Diamanten besetztes Brautkleid bestellte, dazu eine Perlenkette und ein geschmücktes Pferd für sich selbst. Dann wurde geheiratet. Am Hochzeitstag färbte sich die Braut die Fingernägel rot, küßte der Schwiegermutter die Hand, bekam von ihr das reich verzierte Kleid, und Klein Kahli, der auf seinem geschmückten Roß zum Fest geritten war, schenkte ihr die Perlenkette, als er in der Hochzeitsnacht ihren Schleier lüftete.

Damit war er am Ziel seiner Wünsche angelangt, und da er seine Frau über alle Maßen liebte, hätte er der glücklichste Mensch der Welt sein können, wäre da nicht ein Wesir gewesen, ein übler Kerl, der ihn aus Neid ins Unglück stürzen wollte. Dieser Feind des jungen Mannes riet dem Padischah, die beiden Paläste durch eine Brücke verbinden zu lassen, und als die Brücke stand, flüsterte er der Prinzessin ein, sie solle ihren Gemahl ausforschen, um hinter das Geheimnis seiner Erfolge zu kommen.

Ein guter Vorschlag, dachte die Prinzessin, die schon lange neugierig war. In der Nacht fragte sie: »Sage mir, mein Löwe, wie ist es dir gelungen, diesen großen, prächtigen Palast so schnell zu erbauen?«

»Es ist eine zauberhafte Geschichte, Liebste«, antwortete ihr Mann. »Ich will sie dir anvertrauen, nur muß ich dich bitten, mit niemandem darüber zu reden.«

Die Frau versprach es, und er gab ihr sein Geheimnis preis.

Freilich ahnte er nicht, daß der Wesir über die Brücke ins Schlafgemach eingedrungen war und das Gespräch belauscht hatte.

Als es ganz still wurde, pirschte sich der Bösewicht heran, hielt Klein Kahli die Nase zu und entwendete ihm das Siegel. Ehe der Morgen graute, ließ er den schwarzen Riesen kommen.

»Schnipp, schnapp! Schwipp, schwapp! Hin und her. Was ist dein Begehr?«

»Schaff Kahlis Palast schnell hinters Meer.«

Der Riese brachte den Palast auf die andere Seite des Meeres.

Einige Stunden später erwachte der Padischah, trat wie gewohnt ans Fenster und rieb sich die Augen. Dort, wo der Palast seines Schwiegersohnes gestanden hatte, lag ein großer freier Platz. Nur die Brücke befand sich noch an der alten Stelle, und dahinter ruhte das junge Paar mit geschlossenen Augen unter freiem Himmel.

Erzürnt ließ der Herrscher die Palastwache kommen. »Um des Geistes Habibullah willen, ergreift meinen Schwiegersohn! Er ist ein Betrüger. Ya Allah, ya bismillah, im Namen Allahs: Legt ihm eine Kette um den Hals!«

Die Soldaten führten den Befehl aus und warfen Klein Kahli auf einer Insel in den Kerker.

Am Ufer standen der Hund und die Katze, und da sie alles beobachtet hatten und ihrem Lebensretter schon längst hatten danken wollen, hielten sie ihre Zeit für gekommen. Die Katze setzte sich dem Hund auf den Rücken, der Hund schwamm zur Insel, wo sie sich gemeinsam einen Weg in den Kerker scharrten. Dann befreiten sie ihren Herrn, brachten ihn ans Festlandufer zurück und schlichen zu einer Dattelpalme, in deren Schatten der Wesir ein Nickerchen machte. Mit ihrem Schwänzchen kitzelte die Katze den Schläfer so lange an der Nase, bis er nieste und ihm das Siegel aus dem Mund flog, in hohem Bogen zu Klein Kahli hin, der es auffing und daran leckte.

»Schnipp, schnapp! Schwipp, schwapp! Hin und her. Was ist dein Begehr?«

»Schick den Zauberteppich her, damit er den Wesir auf den höchsten Berg des Landes bringt, mich selbst und meine Lieben aber in den Palast, den du mir errichtet hast.«

Der Riese führte die Aufträge aus, und so kam es, daß der Wesir von Stund an als verschollen galt, während die guten Menschen dieses Märchens einträchtig und zufrieden auf der anderen Seite des Meeres lebten: Klein Kahli, seine Mutter, seine Frau, die sich nie wieder in seine Angelegenheiten mischte, nun – natürlich auch der treue Hund, die brave Katze. Und Klein Kahli, der armer Leute schweres Los aus eigener Erfahrung kannte, vergaß nicht, wo er hergekommen war, sondern wirkte unendlich viel Gutes.

Die furchtlose Prinzessin

Was ich sah, geschah in einem wunderbaren Land. Wie ich dort hinkam, werdet ihr fragen. Ich will es euch sagen. Als ich eine Zitrone fand und in die Hand nahm, wurde die Zitrone zur Melone. Eins, zwei, drei schnitt ich sie entzwei, aß sie zu Brot. Nach dem Verzehr warf ich den Rest ins Meer, sprang hinterher. Aus der Schale wurde ein Boot. Nein, war meine Freude groß! Ich setzte mich rein, ruderte los, ruderte, bis ich einen Sandstrand fand. Schon war ich in dem wunderbaren Land.

Zu einer Zeit, als die moslemischen Minister bereits Wesire hießen, wanderte ein Padischah mit seinem Großwesir durch das Land. Die beiden Männer waren viele Stunden unterwegs und schon ziemlich erschöpft, als sie unerwartet einen Palast erblickten, eine einladende Stätte für die müden Wanderer. Sie beschlossen, ein wenig zu verweilen und sich auszuruhen, doch es zeigte sich keine Menschenseele, die sie um Erlaubnis fragen konnten. Im Garten blühten bunte Blumen, und die Düfte der Blütenpracht begleiteten sie bei ihrem Gang zum Portal. Sie traten ein, schritten durch Säulenhallen, Säle, Prunkgemächer mit reich verzierten Wänden, schweren Vorhängen, kostbaren Möbeln, aber nirgends fanden sie jemand, dem all dieser Reichtum gehörte. Schließlich setzte sich der Padischah auf den goldenen Thron und begann zu grübeln.

»Mir will nicht in den Kopf, wieso dieser Prachtbau herrenlos ist, irgend etwas stimmt da nicht«, sagte er nach einer Weile zu seinem Großwesir. »Ich werde der Sache auf den Grund gehen. Jede meiner Töchter soll hier eine Nacht zubringen. Vielleicht gelingt es ihnen, des Rätsels Lösung zu finden. Im übrigen kann es den Mädchen nicht schaden, einmal eine kleine Mutprobe bestehen zu müssen.«

Am nächsten Tag geleitete der Großwesir die älteste Prinzessin in den Palast und entfernte sich. Sie nahm auf dem goldenen Thron Platz, aber so mutterseelenallein ängstigte sie sich sehr. Unheimliche Stille umfing sie, doch urplötzlich – mittlerweile war es Nacht geworden – hörte sie vom Garten her Geräusche, und als sie entsetzt hinsah, erblickte sie einen Riesen, der ein geschlachtetes Lamm auf der Schulter trug. Eiskalt lief es der Prinzessin über den Rücken. Sie zitterte und bebte, bis im Morgengrauen der Wesir kam, um sie abzuholen. Danach erst beruhigte sie sich.

Unterwegs fragte der Wesir, ob sie etwas Neues erfahren und sich in dem fremden, großen Palast nicht gefürchtet habe. Überhaupt kein bißchen, log sie, in einer wunderbaren Stille sei sie sofort eingeschlafen, so daß sie weder etwas gesehen noch gehört, sondern eine angenehme Nacht verbracht und süß geträumt habe. Diese Lügen wiederholte sie vor ihrem Vater.

Nun brachte der Großwesir die zweite Prinzessin in den Prunkpalast, und ihr erging es wie der älteren Schwester. Auch sie setzte sich auf den Thron, schaute sich furchtsam nach allen Seiten um, und als der Riese mit einem geköpften Lamm durch den Raum schritt, überlief sie ein Gruselschauer. Kaltes Grausen schüttelte sie, bis bei Tagesanbruch der Wesir kam. Auch sie verschwieg, was sie erlebt hatte, und log wie ihre Schwester.

Zum Schluß führte der Großwesir die dritte Prinzessin in den Palast, und alles verlief ähnlich wie während der ersten und der zweiten Nacht, nur daß die jüngste Tochter des Padischahs nicht den Thron als Ruhestätte wählte, sondern sich mit einem einfachen Stuhl auf dem Balkon begnügte, und daß sie nicht zu Tode erschrak, als sie den Riesen mit einem Lamm aus dem Garten kommen und durch den Raum schreiten sah, sondern dem Unbekannten in die Küche folgte. Dort wartete sie, bis der Riese gegangen war, dann bereitete sie Weinblattkohlrouladen zu, ein schmackhaftes Mahl, von dem sie selbst aß. Den Rest deckte sie zum Schutz gegen Fliegen mit Tüchern zu. Dann schlief sie zufrieden ein.

Als am Morgen der Großwesir kam, sagte sie: »Einiges habe ich erfahren, aber längst nicht genug. Darum werde ich dich nicht begleiten. Ich bleibe, bis ich alles erfahren habe, was ich wissen will. Meinen Angehörigen richte aus, sie sollen sich nicht um mich sorgen. Mir geht es gut. Überbringe meine Grüße, und küsse ihnen die Hand!«

So kehrte der Wesir ohne die Prinzessin zurück und berichtete, was sie ihm erzählt und aufgetragen hatte.

Die Schwestern dachten: Der Riese wird in dieser Nacht nicht erschienen sein, und ihre Eltern fragten neugierig: »Was mag sie wohl erlebt haben? Worauf wartet sie noch?«

In dem Prunkpalast brach die nächste Nacht herein. Wieder schritt der Riese mit einem Lamm aus dem Garten durch das Zimmer und murmelte, ohne die Besucherin zu beachten, leise vor sich hin: »Wer geduldig wie ein Derwisch ausharrt, dessen Wünsche werden in Erfüllung gehen.«

Seine Sprache klang so menschlich, daß sich die Prinzessin unwillkürlich fragte, ob er überhaupt ein Riese sei. Sie folgte ihm in die Küche. Das Mahl vom Vortag war verschwunden. Er wird es aufgegessen haben, dachte sie und machte sich sofort wieder an die Arbeit. Diesmal stellte sie mehrere Gänge zusammen. Danach begab sie sich zur Ruhe.

Sie schlief, bis in der Frühe der Großwesir kam, um sie abzuholen, doch abermals erklärte sie, noch bleiben zu müssen. Sie bestellte sich Holzpantoffeln für die Arbeit in der Küche und richtete Grüße an ihre Angehörigen aus. »Ich küsse ihnen die Hand«, sagte sie, »die Lieben sollen sich keine Sorgen machen. Mir geht es gut, aber noch habe ich nicht alles erfahren, was ich wissen will.«

Die älteste Schwester schickte ihr Pantinen. Dafür wollte sie hundert Goldstücke haben. Woher das Geld nehmen, dachte die jüngste Prinzessin, nachdem der Großwesir fortgegangen war.

Auch in der vierten Nacht erschien der Riese, und wieder murmelte er: »Wer geduldig wie ein Derwisch ausharrt, dessen Wünsche werden in Erfüllung gehen.«

Sie folgte ihm in die Küche, zog die Pantoffeln an, krempelte die Ärmel hoch, kochte Essen, und was sie nicht selber aß, deckte sie vorsorglich zu. Als sie am Morgen nachschaute, war kein Häppchen mehr übrig, doch in ihren Pantinen lagen hundert Goldstücke. Da freute sie sich wie ein Kind, stöberte in den Schränken noch etwas

Eßbares auf, frühstückte und lief zum Wesir, der inzwischen eingetroffen war.

Sie gab ihm das Geld für ihre Schwester, verschwieg jedoch, wo sie es gefunden hatte, und bestellte Grüße. »Ich küsse allen die Hand«, sagte sie, und da sie ihren Kamm verloren hatte, wünschte sie sich einen neuen.

Die zweitälteste Schwester schickte ihr einen Kamm aus Elfenbein und verlangte zweihundert Goldstücke dafür.

»Woher soll ich die nehmen?« sagte die jüngste Prinzessin zum Wesir, der ihr den Kamm gebracht hatte. »Nun, bestelle ihr, sie möge sich ein wenig gedulden, dann bekommt sie das Geld. Inzwischen bedanke ich mich für ihre Gefälligkeit. Überbringe meine Grüße, und ich küsse allen die Hand.«

Als der Großwesir gegangen war, kämmte sie sich und überlegte dabei, wie die zweihundert Goldstücke zu beschaffen wären. Da sie sich keinen Rat wußte, fing sie an zu weinen.

In der Nacht saß sie auf dem Balkon. Aus dem Garten schritt der Riese mit einem Lamm an ihr vorbei und murmelte: »Wer geduldig wie ein Derwisch ausharrt, dessen Wünsche werden in Erfüllung gehen.«

Sie lief in die Küche, zerteilte das Lamm, kochte und legte sich schlafen.

Am Morgen räumte sie auf, machte sauber, wusch und kämmte sich. Sooft sie mit dem Kamm durchs Haar fuhr, fiel ein Goldstück heraus, bis es zweihundert waren.

Als der Wesir kam, gab sie ihm das Geld für die Schwester, und auch an diesem Tag kehrte er allein zurück. Da bekamen ihre Eltern und Schwestern Sehnsucht und bestellten ihr durch den Großwesir: »Wenn du in drei Tagen nicht zu Hause bist, kommt die ganze Familie zu dir auf Besuch, um sich zu überzeugen, daß es dir wirklich gut geht.«

»Ach, du lieber Himmel«, rief die jüngste Prinzessin aus, sobald der Großwesir gegangen war, »wie soll ich sie alle bewirten und bedienen, wie sie so beköstigen, daß alle satt werden, wie ihnen ein Nachtlager bereiten?«

Am späten Abend kam der Riese mit einem Lämmchen, tat, als bemerke er sie nicht, und murmelte: »Wer geduldig wie ein Derwisch ausharrt, dessen Wünsche werden in Erfüllung gehen.«

Sie folgte ihm in die Küche, wartete, bis er hinausgegangen war, zog ihre Pantinen an und begann zu kochen.

Als das Essen zubereitet war, wollte sie schlafen gehen, da fand sie auf ihrem Kopfkissen einen Zettel, ergriff ihn und las: »Neben dem Ofen liegt ein Knüppel. Hole ihn dir! Wenn du in Schwierigkeiten gerätst, stoße damit dreimal auf den Fußboden.«

Sie legte sich hin, machte die Augen zu, aber vor Aufregung konnte sie nicht einschlafen. Schließlich lief sie in die Küche, sah den Knüppel, nahm ihn, klopfte damit dreimal auf den Fußboden.

Schon erschienen vierzig Leute.

»Wer seid ihr, was wünscht ihr?« flüsterte sie erstaunt.

»Du bist unsere Gebieterin, befiehl, was zu tun ist«, erwiderten sie. »Wir stehen dir zu Diensten.«

»Ach, mein Vater und die ganze Familie kommen. Alle wollen essen und schlafen, aber ich weiß nicht, wie ich sie beköstigen und unterbringen soll.«

»Laß das nur unsere Sorge sein!« erwiderten die Diener. »Du bist unsere Gebieterin. Was du wünschst, soll zu deiner Zufriedenheit geschehen.«

Sie machten sich sofort an die Arbeit. Ehe drei Tage vergangen waren, erhob sich neben dem alten Palast ein neues Schloß, war das Essen zubereitet, und als die Gäste eintrafen, wurde ihnen ein Empfang zuteil, den sie nicht erwartet hatten. Zwar nagte der Neid an den Herzen der Schwestern, aber es war trotzdem ein freudiges Wiedersehen. Nachdem sie einige Stunden fröhlich geplaudert und geschmaust hatten, begaben sie sich zur Ruhe.

Die Prinzessin ging in den Palast zurück. Beim Eintreten verfing sie sich mit dem Fuß in einer Kette, und während sie die Fessel abstreifte, sprang die Tür zum Salon auf. Neugierig schaute sie hinein, aber statt des Riesen, den sie darin vermutet hatte, erblickte sie einen stattlichen jungen Mann.

Der sprach zu ihr: »Du brauchst nicht zu erschrecken. Ich bin ein Prinz aus eurem Nachbarland. Um dich auf die Probe zu stellen, habe ich mich jede Nacht als Riese verkleidet. Ich bewundere deinen Mut, deine Geduld, deinen Fleiß. Wenn du meine Frau werden willst, soll bald Hochzeit sein.«

Vor Überraschung brachte sie kein Wort hervor, aber er gefiel ihr sehr, und da auch ihr Vater einverstanden war, fuhr der Prinz mit der Prinzessin und deren Verwandtschaft am nächsten Morgen zu seinen Eltern. Und dort wurde gefeiert, vierzig Tage, vierzig Nächte lang.

Alle Gäste bewunderten das schöne Paar. Es war eine Hochzeit, von der man in China, Persien, Jemen und anderen Ländern noch lange sprach.

Wie eine Prinzessin zum Prinzen wurde

Vor langer, langer Zeit, fast einer Ewigkeit, hatte ein Padischah neun Töchter, neun Töchter, aber keinen Sohn, der sein Nachfolger hätte werden können. Als die Sultanin erneut schwanger war, ließ ihr Gemahl warnend seine Stimme ertönen: »Weib, schenke mir endlich einen Sohn. Wenn du noch eine Tochter gebierst, bringe ich dich um.«

Am Tag der Niederkunft vertraute sich die Sultanin der Hebamme an, brachte wieder ein Mädchen zur Welt, und nach der Entbindung formten die Frauen aus Bienenwachs ein männliches Geschlechtsteil, das sie dem Kindchen zwischen die Schenkel klebten. Darauf überbrachte die Hebamme dem Herrscher die freudige Botschaft: »Mein Padischah, Eure Augen mögen strahlen! Soeben wurde Euch ein Thronfolger geboren.«

Der Padischah eilte der Hebamme voraus zum Wochenbett, betrachtete prüfend das Neugeborene, sah das nachgeformte männliche Glied und verschränkte froh die Arme auf der Brust, überzeugt, einen Stammhalter zu haben.

Die Jahre gingen ins Land, der vermeintliche Knabe wuchs heran, und als er elf geworden war, meinte der Padischah, daß es an der Zeit wäre, den Jungen beschneiden zu lassen.

Laut jammernd und wehklagend vernahm die Sultanin die schlimme Kunde. Wie tat sie ihrer zehnten Tochter leid. »Weine nicht, Mutter«, sprach das gute Kind, »bange nur nicht um dein Leben! Ich werde schon einen Ausweg finden«, und nachdem sie die Mutter getröstet hatte, suchte sie den Vater auf, küßte ihm mit kummervoller Miene die Hand.

»Was stimmt dich denn traurig?« fragte der Padischah.

»Ach, ich bin noch so klein, mein Vater, und man will mich beschneiden. Ich fühle mich zu jung, um schon beschnitten zu werden.«

»Gut, mein Sohn, das sehe ich ein, warten wir meinethalben noch ein Jährchen«, entschied der Padischah.

Das Mädchen bedankte sich, küßte dem Vater erfreut die Hand, kehrte zur Mutter zurück und berichtete, was sie erreicht hatte.

Jedoch auch das nächste Jahr verstrich so schnell, wie die vorangegangenen verstrichen waren. Wieder hob die Sultanin zu klagen an, wieder bat der vermeintliche Knabe darum, nicht beschnitten zu werden, und der Padischah ging darauf ein, aber als ein weiteres Jahr verflossen war, bestimmte er einen großen freien Platz zum Ort der feierlichen Handlung. Zelte wurden aufgeschlagen, viel Volk strömte herbei, um zugegen zu sein, wenn der Prinz beschnitten wurde.

»Mein Sohn«, sprach der Padischah, »nun bist du dreizehn und wirst gewiß keine Einwände mehr erheben.«

»Nein, Vater, wahrhaftig nicht, doch eine Bitte habe ich. Laß mir eine halbe Stunde Zeit. Ich möchte mir den Beschneidungsplatz von allen Seiten anschauen.«

Für diesen Wunsch zeigte der Padischah Verständnis, und seine zehnte Tochter küßte ihm die Hand. Dann ging sie in den Stall, um ein feuriges Pferd auszuwählen. Plötzlich fing ein Rappe mit menschlicher Stimme zu sprechen an. Da zäumte sie ihn und vertraute sich ihm an.

»Sei getrost«, sprach das Pferd, »wir fliehen in ein fremdes Land.«

Die Prinzessin ritt um den Platz herum, vorbei an den Soldaten, und floh mit einem gewaltigen Satz über die Köpfe der Postenkette hinweg ins Freie. Alle Verfolger, die sie einzuholen versuchten, schüttelte sie mühelos ab. Pfeilschnell flogen Rappe und Reiterin dahin und erreichten bald eine ferne Stadt. Dort schenkte das Zauberroß der Prinzessin drei Haare aus seinem Schwanz.

»Verwahre sie wohl! Wenn du in Bedrängnis gerätst, reibe sie aneinander, dann eile ich herbei«, sprach das Roß und verschwand, um anderen Menschen aus der Not zu helfen.

Die Prinzessin kleidete sich wie ein einfacher junger Mann, lief zum Schloß, verdingte sich als Küchenhilfe und ging sogleich an die Arbeit. Doch die Köche benahmen sich höchst sonderbar. Einer wollte die Zwiebel schälen, die sie gerade geschält hatte; ein anderer salzte den Hammelbraten, der von ihr gesalzen worden war; ein dritter ließ ihr ein Hackmesser vor die Füße fallen. Alle wirkten verwirrt und schienen nicht ganz bei Sinnen.

Schließlich hielt sie einen der Köche am Ellbogen fest. »Mein Herr, warum sind die Leute aufgeregt und benehmen sich so sonderbar, daß sie sich gegenseitig behindern?«

Da blickte der Koch sie todunglücklich an. »Ach, mein Sohn, du bist wohl fremd in der Stadt, daß du unseren Kummer nicht kennst? Morgen kommt ein Dämon in das Schloß, ein blutrünstiger Dev, um unserem Padischah die Leber aus dem Leib zu fressen. Morgen zur Mitternacht hat die Stunde des Herrn geschlagen.«

Die Prinzessin vernahm es und biß sich erschrocken in den Finger.

Gegen Abend stahl sie sich durch einen der Gänge. Vor den Türen blieb sie stehen und spähte durch die Schlüssellöcher. Im ersten Zimmer saß eine junge Sultanin, die rot gekleidet war. In den übrigen Räumen trugen die Damen Trauerkleidung, und alle Möbel waren schwarz verhangen.

Am Ende des Ganges ruhte die Prinzessin aus, grübelte darüber, was sie gesehen hatte, und auf dem Rückweg zu ihrer Kammer beugte sie sich wieder zu den Schlüssellöchern herab. Fast in allen Zimmern war das Licht gelöscht, nur im ersten brannte es noch. Gerade setzte die Sultanin dort eine goldene Waschschüssel auf den Teppich nieder. Eine Taube flatterte durch das geöffnete Fenster, badete, sträubte das Gefieder und verwandelte sich in einen jungen Mann, der sich zu der Sultanin legte und sie stürmisch umarmte.

Nachdenklich begab sich die Prinzessin zur Ruhe.

Am nächsten Tag arbeitete sie wieder in der Küche, und gegen Abend stahl sie sich vor die Tür des herrschaftlichen Schlafgemachs. Der Padischah lag bewußtlos da. Mehrere Männer bemühten sich um ihn, hielten ihm Fläschchen mit wohlriechenden Essenzen zum Einatmen hin, später erhoben sie sich und verließen den Raum.

Die Prinzessin versteckte sich hinter einem Vorhang. Als der letzte gegangen war, schlüpfte sie durch die Tür und rieb die drei Roßhaare aneinander.

Sogleich erschien der Zauberrappe. »Was steht zu Diensten, meine Sultanin?«

»Ich erbitte mir ein Schwert, mit dem ich einen Dämon töten kann.«

Das Pferd erfüllte ihren Wunsch, warnte sie jedoch: »Schlag nur einmal zu, dann laß ihn in Ruh; nach dem zweiten Streich wäre der Zustand dem vor dem ersten gleich« und war im nächsten Augenblick verschwunden.

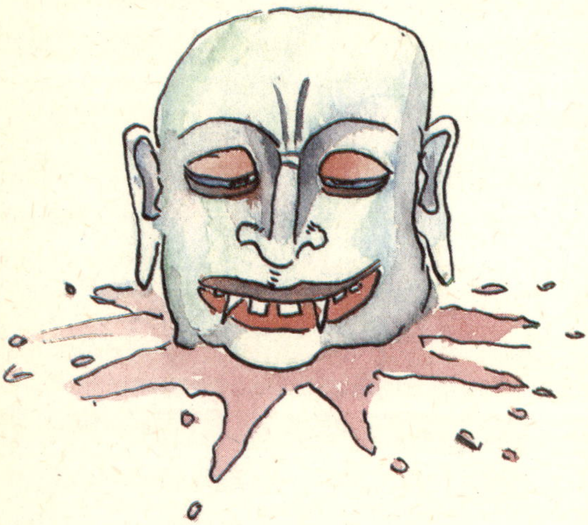

Die Prinzessin stützte sich auf das Schwert und wartete bei der Tür. Um Mitternacht grollte es gewaltig in der Ferne, der Himmel verfinsterte sich, kein Sternlein blinkte mehr durchs Fenster. Grelle Blitze erhellten den Raum. In ihrem Schein stampfte ein riesiger Dev herein.

Die Prinzessin hob die Waffe und enthauptete ihn.

»He, du wackerer junger Held«, sprach der Kopf, der donnernd auf den Fußboden gerollt war, »beweise mir, daß du wirklich furchtlos bist! Sieh mir in die schrecklichen Augen und wage einen zweiten Streich!«

Die Prinzessin senkte das Schwert, das zu Luft wurde, und als der Dev seinen Geist aufgegeben hatte, schnitt sie ihm ein Ohr ab. Dann legte sie sich schlafen.

Am Morgen erwachte der Padischah aus seiner langen Ohnmacht. Wie kommt es, daß ich nicht gestorben bin? dachte er verwundert, aber dann erblickte er den leblosen Dev und wußte, warum er noch lebte.

Wer ihn getötet hatte, ließ er bekanntmachen, sollte sich bei ihm melden.

Die Prinzessin folgte der Aufforderung. »Ich, mein Padischah, ich habe es getan.«

Der Herrscher sah sie ungläubig an, bis sie das abgeschnittene Ohr aus der Tasche zog. Da sah er, daß sie die Wahrheit gesprochen hatte, und wollte sie belohnen.

»Ich wünsche nichts als Eure Gesundheit, mein Padischah«,

sagte sie, und weil er so viel Bescheidenheit nicht gelten ließ, hielt sie um die Hand einer seiner Töchter an. »Die Sultanin, die ganz in Rot gekleidet ist, würde ich gern zur Frau haben.«

»Das ist ein schlechter Wunsch, mein Sohn«, entgegnete der Padischah, »den schlag dir besser aus dem Kopf. Wähle lieber eine andere! Meine guten Töchter tragen schwarze Kleider. Die in Rot ist ein loses Frauenzimmer, eine Dirne, die keiner heiraten möchte, sooft ich sie an einen Mann zu bringen suche.«

Die Prinzessin blieb dabei. Die in Rot gekleidete Sultanin wünsche sie zu nehmen.

»Wem nicht zu raten, dem ist nicht zu helfen, mein Sohn« sprach der Padischah, ließ die lose Tochter rufen und eröffnete ihr, daß sie den Küchenjungen ehelichen solle. Sie bat ihn, die Sache überschlafen zu dürfen. Damit war ihr Vater einverstanden.

Am späten Abend schlich die Prinzessin zum Zimmer der Dirne, beobachtete, wie sie die goldene Waschschüssel auf den Teppich setzte, wie die Taube durchs Fenster flog, badete, zu einem feurigen Jüngling wurde.

Nachdem sich die beiden ausgiebig gekost hatten, sagte die Sultanin zu ihrem Liebhaber: »Ach, Efendim, mein Löwe, ich kann heute gar nicht recht glücklich sein. Mein Vater will mich einem armen Mann zur Frau geben, und wenn ich ihn geheiratet habe, werde ich dich nie wiedersehen.«

Der Periprinz, denn ein solcher war es, überlegte. Dann entgegnete er: »Antworte deinem Vater, du nimmst den armen Schlucker nur, wenn er einen Spiegel aus der Feste der Devs holt.«

Als die Prinzessin am nächsten Tag zum Padischah ging, bekam sie zu hören, was sie schon wußte: »Mein Sohn, die Dirne treibt ihren Schabernack mit uns. Sie ist bereit, dich zu heiraten, jedoch sollst du ihr vorher eine Probe deines Mutes liefern und einen Spiegel von dcn Devs holen.«

Die Prinzessin versprach, zu tun, was in ihren Kräften stehe, verabschiedete sich, rieb die Roßhaare aneinander, und der Zauberrappe trug sie schnell wie der Sturmwind an den Fuß eines Berges. »Meine Sultanin, wir sind bei den Dämonen angelangt. Gehe nun hinein, doch vergiß nicht, auf der Hut zu sein, denn die Devs schlafen mit offenen Augen. Wachen sie aber, sind ihre Augen geschlossen.«

Die Prinzessin betrat die Bergfeste und sah, daß die Devs alle schliefen. Unbehelligt lief sie durch die Räume, entdeckte den Spiegel, steckte ihn ein und brachte ihn dem Padischah.

Zu später Stunde sprach die Sultanin in Rot, nachdem sie und der Periprinz sich weidlich ergötzt hatten: »Ach, mein Löwe, ich kann immer noch nicht restlos glücklich sein. Denk dir, mein Freier hat den Spiegel von den Devs geholt. Jetzt muß ich ihn heiraten, und dich werde ich nie wiedersehen.«

Der Periprinz dachte nach. Dann entgegnete er: »Sei unbesorgt, wir werden es zu verhindern wissen. Die Aufgabe ist zu leicht gewesen, also müssen wir eine schwierigere ersinnen. Verlange doch, er soll den Devs einen Säbelstein entwenden.«

Die Prinzessin, die an der Tür gelauscht und durchs Schlüsselloch gespäht hatte, erfuhr am nächsten Tag vom Padischah: »Habe ich es nicht gesagt, mein Sohn, das launenhafte Ding treibt mit uns ein arges Spiel. Hör dir an, was sie sich nun wieder ausgedacht hat. Sie ist nur bereit, deine Frau zu werden, wenn du den Devs auch noch einen Säbelstein entwendest.«

Die Prinzessin verabschiedete sich, rieb die Roßhaare aneinander, und der Rappe trug sie zur Bergfeste der Devs.

»Meine Sultanin« sprach das Pferd, »heute mußt du noch vorsichtiger als gestern sein. Die Säbelsteine lagern in einer Grotte, deren Boden mit Felstrümmern und glitschigen Stalagmiten bedeckt ist. Wenn du nicht aufpaßt, rutschst du aus oder stolperst und schlägst hin.«

Die Prinzessin betrat die Feste, überzeugte sich, daß alle Devs in tiefem Schlaf ruhten, fand die Grotte, darin die Säbelsteine, nahm einen an sich, kehrte um, aber vor dem Ausgang strauchelte sie, und das Echo des Sturzes ließ die Wände der Höhle erbeben.

Zwar schwang sie sich auf den Pferderücken, ehe die Devs schlaftrunken ins Freie wankten, doch sie schleuderten ihr wütend Felsbrocken und Verwünschungen nach. »Du gemeiner Dieb, diesmal kommst du nicht ungeschoren davon. Werde zur Strafe ein Mädchen, oder, so du ein Mädchen sein solltest, sei von Stund an ein Mann!«

Die Prinzessin tastete ihren Körper ab und merkte, daß sie zum Mann geworden war.

Am späten Abend sprach die Sultanin in Rot zu dem Periprinzen, nachdem sie sich lange miteinander vergnügt hatten: »Nun muß ich wohl doch den Küchenjungen heiraten. Er hat wahrhaftig einen Säbelstein aus der Grotte geholt.«

Ihr Liebhaber überlegte und sprach: »Bin ich nicht ein Periprinz, und wäre ich der Sohn eines Peripadischahs, wenn ich keinen Ausweg wüßte? In unserem Palastgarten stehen ein Granatapfel- und ein Quittenbaum. Sag deinem Vater, dies soll deine letzte Bedingung für die Heirat sein, daß der Freier zum Beweis seiner Tapferkeit je eine Frucht stehle. Das hat noch nie jemand geschafft. Sobald sich eine Hand ausstreckt, fängt der Granatapfelbaum herzzerreißend zu weinen und der Quittenbaum ausgelassen zu lachen an. So wird das Periheer alarmiert, und der Dieb ist im Palastgarten gefangen.«

Der Vorschlag mißfiel der Sultanin zwar, denn insgeheim bewunderte sie den Küchenjungen, der sich ihretwegen zweimal in die Devfeste gewagt hatte, aber weil der Periprinz es verlangte, trug sie ihrem Vater am nächsten Morgen auch den letzten Wunsch vor.

»Und damit hat der Spaß ein Ende«, erklärte der Padischah kurz angebunden. »Hat der junge Mann die Früchte gebracht, wird auf der Stelle geheiratet.«

»So sei es, mein Vater«, entgegnete die Sultanin gefügig, und der Padischah teilte dem Freier die Schlußbedingung mit.

Die Prinzessin, die zum Prinzen geworden war, gelangte auf dem Rücken des Rappen vor die Tore der Peristadt, in der unter dem Kommando des Prinzen das ganze Periheer bereitstand.

»Pflücke die Früchte von oben!« sprach das Roß und gab dem Jungen ein Lammfell, das emporstieg, als er sich darauf niedergelassen hatte und es mit einer Gerte tätschelte. Über dem Palastgarten senkte der Prinz die Gerte, das Fell schwebte herab, bis er die Früchte erreichen konnte, und das Erwartete geschah. Der Granatapfelbaum begann herzzerreißend zu weinen, die Quitte stimmte ein ausgelassenes Gelächter an.

Der Palast, der Garten, die ganze Stadt gerieten in Aufruhr. »Zu den Waffen!« erklang es von allen Seiten. »Der Feind ist eingedrungen. Zu den Waffen!«

Die Soldaten liefen aufgeregt durcheinander, strömten durch

Straßen und Gassen, und weil sie sich gegenseitig für Eindringlinge hielten, hieben sie wild aufeinander ein. In diesem Getümmel wurde versehentlich auch der Periprinz erschlagen.

Der Menschenprinz aber entkam unversehrt, bot dem Padischah die geraubten Früchte dar, und die Prinzessin in Rot wurde ihm angetraut. Vierzig Tage, vierzig Nächte verbrachten alle beim Feste, Brautpaar und Gäste. Dann ließ der Thronfolger anspannen und führte die junge Frau heim zu seinen Eltern, wo es eine Menge zu erzählen gab. Eine Prinzessin war fortgeritten, ein Prinz kehrte zurück, und mit ihm kamen eine Schwiegertochter, viel Segen und Glück.

Das Regenbogending

Als der Märchenerzähler die Kaffeestube betrat, baten ihn die anwesenden Männer wie aus einem Munde: »Masal anlatan, erzähl uns ein Märchen, ach ja, erzähle ein hübsches Märchen!«

»Was soll ich denn erzählen, Brüder? Ich wüßte keines, das ihr noch nicht kennt.«

»Das macht doch nichts. Das macht rein gar nichts. Erzähle ein derbes, ein gepfeffertes! So was hört man immer wieder gern.«

»Na gut, damit ihr euren Willen habt, Brüder: Der Bauernsohn mit dem Regenbogending.«

»Ja, ja, der Bauernsohn mit dem Regenbogending!« riefen die Kaffeetrinker, und der Märchenerzähler setzte sich in Positur.

Ein Täuberich, eine Taube,
die schmusten auf 'ner Laube.
Das sah der Kater Rabenaas,
der schrecklich gerne Tauben fraß,
holt' sich den Täuberich zum Spaß,
der gurrend bei der Taube saß,
und macht' sich aus dem Staube.
Doch in der Liebeslaube
hat dies sich zugetragen:
Da sollt sich einer plagen,
beim Weib rund um die Uhr.
Amour. Amour. Amour …
Nur was zuviel ist, ist zuviel
im Lirumlarumliebesspiel.
Zwar kostete's nicht Kopf und Kragen,
doch führte es zu Unbehagen
und Regenbogendingsversagen
kurz vor dem angestrebten Ziel.

Also, es lebte in einem Lande mal ein verwaister Bauernsohn. Der Junge war bienenfleißig, aber bettelarm, weil auf dem kargen Boden seines Feldes kaum ein Körnchen gedieh, und weil er kein Geld hatte, hatte er folglich auch keine Frau. Er arbeitete und arbeitete, doch sein großer Wunsch, zu heiraten und eine Familie zu gründen, blieb unerfüllt. Da er sich keinen anderen Rat wußte, beschloß er, sein Glück in der Ferne zu suchen. Für ein paar Lire verkaufte er das unfruchtbare Feld mit dem armseligen Hüttlein, das ihn beherbergt hatte.

Am nächsten Morgen leistete er sich ein Frühstück: Brot, Oliven, Käse, Tee, und nachdem er sich gestärkt hatte, machte er sich auf den Weg.

Er ging und ging, durch Täler und über Höhen, und am Abend legte er sich unter einer Pistazie schlafen.

In aller Herrgottsfrühe erwachte er, pflückte eine Handvoll Nüsse von den Zweigen, knackte die dünnen grünen Schalen an den Rändern auf und verspeiste die schmackhaften Kerne. Dann setzte er sich hin, um seine Barschaft zu zählen. Doch so eifrig er suchte, von dem Geld konnte er nichts mehr finden. Entweder habe ich es unterwegs verloren, dachte er, oder man hat mich in der Nacht bestohlen.

Nun lebte knapp eine Tageswanderung von jener Pistazie entfernt ein berühmter Hodscha, der in dem Ruf stand, nicht nur ein großer Buchgelehrter zu sein, sondern auch ein hilfsbereiter Mensch, und um guten Rat nie verlegen. Zum Haus dieses Mannes lenkte der Bauernsohn seine Schritte.

»Salam alaikum, weiser Meister«, lautete sein Gruß, als er an Ort und Stelle eingetroffen war, und der Hodscha begegnete ihm freundlich.

»Alaikum salam, mein Sohn. Was führt dich zu mir? Sprich ohne Umschweife, Bruder Bauer! Sage mir offen: Was kann ich für dich tun?«

Da klagte ihm der Habenichts sein Leid.

Der Hodscha dachte nach und grübelte, und sobald er sich ausgegrübelt hatte, fragte er: »Ist es nur so, daß du zu Geld kommen möchtest, um als Ehemann begehrenswert zu sein und eine Familie gründen zu können, oder gelüstet es dich ganz einfach auch nach einem Weib?«

»Ja, mein Herr«, gestand der Bauernsohn, »es gelüstet mich ganz einfach auch nach einem Weib.«

»Das trifft sich gut«, bemerkte der Hodscha erfreut. »Also versuchen wir es mit einem Regenbogending. Lauf gleich in meine Werkstatt! Dort siehst du viele Farbtöpfe stehen. Streich dein Ding kunterbunt an, und wenn es wie ein Regenbogen schillert, komm wieder herein und stell dich vor!«

»Wie ein Regenbogen, Effendi?« fragte der Junge baß erstaunt. Da er aber dem Hodscha vertraute, auf sich selbst und auf sein Glück baute, tat er gehorsam, wie ihm geheißen, und als sein Glied in allen Farben des Regenbogens prangte, ging er zu dem Hodscha zurück.

»So ist's recht«, sagte der zufrieden. »Lauf nun in den Wald und sammle Nüsse! Stopfe dir die Taschen voll! Hole so viele, wie du nur tragen kannst!«

Wieder wunderte sich der Junge sehr, und diesmal zweifelte er sogar, ob er auf diese Weise ans Ziel seiner Wünsche gelangen würde. Da er aber eine Sache, die er begonnen hatte, auch zu Ende führen wollte, kam er der zweiten Aufforderung ebenso bereitwillig wie der ersten nach.

Am nächsten Tag ließ der Hodscha verkünden, es gebe da einen Jüngling mit ungewöhnlicher Manneskraft. Ein Penis ganz besondrer Art zeichne ihn aus, nämlich ein kunterbuntes Regenbogending; zudem besitze er einen Zaubersack, in den er beliebig viele Nüsse schütten könne, und jedesmal, wenn er eine davon knacke, sei er imstande, den Beischlaf auszuüben.

Nun war der Bauersohn gespannt, was weiterhin geschehen würde, aber siehe da, er brauchte gar nicht lange zu warten, schon traf eine Kundin bei ihm ein, eine unerhört feurige Witwe, hieß es, eine Frau von unstillbarem Liebesdrang. Kein Mann halte es länger als eine Nacht in ihren Armen aus, denn sie müsse wohl einen Teufel im Leibe haben.

Doch ob sie nun einen Teufel im Leib hatte oder nicht, jedenfalls nannte sie eine Million Lira ihr eigen. Sie verlangte das Regenbogending zu sehen und war sogleich überzeugt, ihren Meister gefunden zu haben. Vierzig Nüsse von der größten Sorte bestellte sie.

»Warum so unbescheiden?« fragte der Junge entsetzt, denn diese Menge erschien ihm des Guten reichlich viel. »Warum müssen es gleich vierzig sein? Meine Nüsse sind teuer, sie haben einen Sonderpreis.« Doch auch von dem stattlichen Sümmchen, das er nannte, ließ sich die Witwe nicht abschrecken. Ohne zu feilschen, legte sie das Geld für ihn hin.

Ja, und so bleibt es also dabei, vierzig Nüsse der größten Sorte, nicht eine weniger darf es sein.

Was dann kommt, läßt sich nur sehr knapp beschreiben. Die Witwe färbt sich mit Henna die Fingernägel rot, als wäre es am Vorabend einer echten Hochzeitsnacht, der Junge streicht seufzend die Lira ein, murmelt irgendein Sprüchlein vor sich hin, knackt entschlossen die erste Nuß und legt sich fügsam zu dem Weib.

»Knacke nun die zweite Nuß, mein Löwe!« fordert ihn die Witwe auf, sobald sie zu spüren meint, daß die Wirkung der ersten geschwunden ist, und der Bauernsohn, der ungern aufgibt, ehe er eine Sache zu Ende geführt hat, macht sich erneut ans Werk.

Nuß um Nuß knackt der Junge in dieser Nacht, und immer wieder fordert die Witwe: »Knacke nun die nächste Nuß, mein Löwe!«

Neununddreißig Nüsse knackt er, aber allmählich erlahmen seine Kräfte, und als er bei der vierzigsten angelangt ist, sind auch die letzten Reserven verbraucht.

»Das Nüßchen, das vierzigste, mein Löwe! Hast du es zu knacken vergessen?«

»O nein, ich habe es geknackt. Nur – der Zauber wirkt nicht mehr. Alle guten Geister haben mich verlassen. Der Teufel hat wohl seine Hand im Spiel.«

Bei diesen Worten wurde die Witwe so zornig, daß sie am ganzen Leib bebte. Der junge Mann erbot sich, ihr den vierzigsten Teil der Summe zurückzuzahlen, aber von diesem Vorschlag wollte die enttäuschte Dame nichts wissen.

»Abgemacht ist abgemacht. Entweder die ganze Ware, oder der Handel gilt nicht. Nie kaufe ich ein Hähnchen, dem ein Fuß fehlt.«

So ging die Rede hin und her, die Witwe verlangte die volle Summe zurück, der Junge wollte ihr das Geld nicht geben, und da sie sich nicht einigen konnten, gingen sie schließlich zu einem Richter.

Dort trat die Witwe als Anklägerin auf und bezichtigte den Bauernsohn des Betruges. Vierzig Nüsse habe sie von ihm gekauft, für vierzig bezahlt, aber nur neununddreißig erhalten. Um die vierzigste habe der Betrüger sie geprellt.

»Nun, was hast du zu deiner Entlastung vorzubringen?« fragte der Richter den Bauernsohn.

»Efendi, es befanden sich vierzig Nüsse im Sack«, entgegnete der junge Mann schlagfertig. »Vierzig Nüsse hat die Kundin bekommen, allerdings bloß neununddreißig verzehrt, weil die vierzigste taub war. Aber konnte ich das ahnen? Und auch die Kundin hat die Ware nicht geprüft, sondern unbesehen genommen, ja mir das Geld für vierzig förmlich aufgedrängt, obwohl ich ihr zu weniger geraten hatte.«

»In diesem Fall ist es klar, daß keine strafbare Handlung vorliegt«, entschied der Richter. »Wer die Ware im Sack kauft, sollte sich über ein taubes Nüßchen nicht wundern.«

So wurde der Junge freigesprochen. Er zog in einen kleinen Ort und eröffnete einen Laden. Da er tüchtig war und sein Geschäft gut ging, heiratete er schon bald ein reizendes Mädchen. Seitdem ist er der zufriedene Ehemann seiner jungen Frau, denn sie leben beide glücklich zusammen und haben viele Kinder.

Die reiche Witwe sucht noch immer ihren Meister.
Der Bauernsohn aber ist am Ziel seiner
Wünsche angelangt.

In der formen- und farbenreichen türkischen Märchenwelt finden sich neben alter Substanz, die mehr oder weniger Allgemeingut sämtlicher Turkvölker ist, mannigfaltige Stoffe und Motive, die später aufgenommen wurden. Ein Wunder ist dies nicht angesichts der bewegten Geschichte. Die ersten Stämme verließen im 9. Jahrhundert die zentralasiatische Heimat. Das Gros wanderte Ausgang des 11. Jahrhunderts und danach staffelweise westwärts. Von den Völkern, mit denen die Türken auf ihrer Suche nach neuen Lebensräumen in Berührung kamen, übernahmen sie folkloristische Elemente und gaben aus der eigenen Folklore manches ab. So vollzog sich ein reger kultureller Austausch, dessen Anfänge vermutlich in die Zeit vor Beginn der Wanderungen zurückreichen und der nach Herausbildung des Osmanischen Reiches andauerte. Eine Fülle von Impulsen also zur Bereicherung des angestammten Märchenschatzes, der heute neben indischen, persischen und arabischen Einflüssen auch solche balkanischen Ursprungs aufweist. Trotz aller wechselseitiger Entlehnungen und der daraus resultierenden verwandtschaftlichen Parallelen zur Folklore anderer Völker bleiben die türkischen Märchen aber in der Regel als solche definierbar.

Ihre Struktur ist einfach. Eröffnet wird das Märchen durch eine Eingangsformel (z. B. »Es war einmal ...«), die erweitert sein kann, oder durch einen längeren Vorspann: *tekerleme* (mit dem Ton auf der zweiten Silbe). Das Tekerleme muß zu dem Märchen selbst nicht in Beziehung stehen, braucht mit diesem nicht einmal thematisch verbunden zu sein. Es will lediglich Aufmerksamkeit hervorrufen, zwischen Erzähler und Publikum Kontakt herstellen, zum Lachen reizen; denn zuweilen handelt es sich um bloße Aneinanderreihungen sinnloser Reimereien oder absurder Behauptungen, die zu einem selbständigen Nonsensgedicht oder Lügenmärchen verschmelzen.

Der Eröffnung folgt die meist knappgefaßte Erzählung, in der auch Fabelwesen eine Rolle spielen können: ein hilfreiches Zauberroß, ein Menschenfleisch fressender Riese oder Devs, üble, abseits von der Zivilisation hausende Dämonen. Manchmal treibt ein Luftgeist, Dschinn genannt, sein Unwesen, oder ein blutrünstiger Drache verlangt Jungfrauenopfer. Es gibt Peris, Feen, die ein Oberhaupt haben, eine Streitmacht unterhalten, und andere Phantasiegestalten.

Gut oder böse, einseitig überspitzt, sind ebenfalls die Menschen, durch wenige Charaktereigenschaften und körperliche Merkmale gekennzeichnet. Hinterhältig, ein Erzbösewicht ist Köse, stets geneigt, Unheil zu stiften, jeden Leichtgläubigen ins Verderben zu stürzen. Über viel Mutterwitz und Schläue verfügt Keloglan, ein armer Bauernsohn, Gerechtigkeitsfanatiker, dem keiner widersteht, der immer triumphiert, so hart ihn das Leben auch ankommt. Und einfallsreich, von Tatendrang getrieben, auf Veränderung bedacht wie er ist in den Märchen auch manche Frau, die ihren männlichen Partner an Energie und Unternehmungslust übertrifft. Kurzum, wir begegnen einem breitgefächerten Ensemble liebenswerter oder verabscheuungswürdiger Figuren. Besonders häufig aber fungiert als Hauptperson ein jugendlicher Prinz, und hat ein Padischah oder Sultan mehrere Söhne, dann ist gewöhnlich der jüngste der Brüder der makellose Held. Ähnlich verhält es sich mit den Prinzessinnen. Den Königskindern zur Seite steht ein Lala, ihr Berater, Erzieher, Betreuer.

Der Herrscher selbst kann gerecht oder ungerecht sein, gnadenlos und grausam oder voller Güte. Seine Art zu regieren verdient entweder wegen kritikwürdiger Willkür gerügt zu werden, oder er wird als leuchtendes Beispiel hingestellt, während ein Minister – Wesir – gelegentlich dazu herhalten muß, den Platz eines höfischen Intriganten einzunehmen.

Padischah, Sultan, Wesir sind orientalische Titel. In der Welt des Islam beheimatet sind auch die Begrüßungsformeln, Moscheen, Derwische – wandernde Gottsucher oder Mitglieder der seit 1925 verbotenen Sufi-Orden.

Die Anrede Efendi (Herr) oder Efendim (mein Herr) stammt aus osmanischer Zeit. Der ehemalige Gutsbesitzer- und Kaufmannstitel Aga verweist auf die feudalistische Tradition, ebenso wie die beschriebenen Sitten, Bräuche und rituellen Handlungen. Selten nur haben Braut und Bräutigam vor der Hochzeit Kontakt. Die Anbahnung einer Ehe ist vor allem Sache der Väter oder anderer Verwandter. Die Braut färbt sich die Nägel oder Finger mit Henna rot, küßt den Schwiegereltern die Hand, erhält von der Schwiegermutter ein Hochzeitsgeschenk usw.

Wie bereits angedeutet: Turbulent geht es ohnedies zu. Zügig agieren Schurken, Schelme, Ungeheuer, Helden, bis alle Konflikte wunschgemäß gelöst, fast ausnahmslos die Bösewichter bestraft, die Guten belohnt und am Ziel ihres Strebens sind.

Den Abschluß des Märchens bildet ein kurzer Schlußteil, der wie die Eröffnung oft formelhaft klingt und Freude, Zufriedenheit, Genugtuung darüber auslösen soll, daß in dieser heilen Traumwelt jedes Ding seine Ordnung hat, Gerechtigkeit herrscht und der Redlichkeit zum Sieg verholfen wurde.

So zeugen die Märchen von Hoffnungen und Sehnsüchten des Volkes. Sie sind Ausdruck seiner Weisheit, entbehren freilich auch gewisser naiver oder utopischer Erwartungen nicht. Vorrangig wenden sie sich an Erwachsene.

Außerhalb der Türkei waren türkische Volksmärchen bis Ende des letzten Jahrhunderts so gut wie unbekannt. Insbesondere gebührt Ausländern das Verdienst, erste Aufzeichnungen vorgenommen zu haben. Während die osmanischen Intellektuellen auf die »Machwerke des Pöbels« herabsahen, veröffentlichten der Ungar I. Kúmos 1887 und der Brite R. N. Bain 1896 die ersten Sammlungen.

Später erschienen: Fr. Giese, »Türkische Märchen«, Jena 1925; P. N. Boratav, »Typen türkischer Volksmärchen«, Wiesbaden 1953; O. Spies, »Türkische Volksmärchen«, Düsseldorf, Köln 1967; S. Oktürk, »Anadolu Masalari«, Istanbul 1982. Diese und weitere Bücher enthalten voneinander abweichende Fassungen der Märchen, die in vorliegender Auswahl enthalten sind. Sie wurden veröffentlicht, ohne damit festgeschrieben zu sein, denn das türkische Märchen lebt und entwickelt sich auch heute noch in mündlicher Überlieferung. Männer und Frauen geben es weiter, setzen dabei, beabsichtigt oder ungewollt, neue Akzente, werten subjektiv, wandeln Details ab, gebrauchen eigene Formulierungen, Wendungen und Satzkonstruktionen. Immer bringen sie eigene Auffassung ein. Motive sind austauschbar. Uff (im Original meist Of) setzt der ungehorsamen Frau statt einer Menschenleber einen Finger, ein Ohr oder andere Körperteile vor, und der Rabe, der auch ein Hahn sein kann, verlangt von der alten Frau statt einer Lampe einen Leuchter, Herd, Ofen oder dergleichen mehr. Kurz, ein Märchen verändert sich, wie es sich Generationen vorher verändert hat. Auf diese Weise entsteht eine Vielzahl von Varianten. Mitunter rücken sie so weit auseinander, daß sie kaum noch als Varietäten erkennbar sind und als selbständige Märchen angesehen werden. So lassen sich »Die Bewährungsprobe« und »Die furchtlose Prinzessin« auf einen gemeinsamen Urahn zurückführen. Über vierzig Fassungen hat man von einigen Märchen gefunden. Sie im einzelnen zu vergleichen ist Sache der Wissenschaft. Mein Bemühen war es, die Substanz der Märchen zu erhalten und sie so nachzuerzählen, daß der deutschsprachige Leser in den hier und da fremdartig anmutenden Sach-, Ideen- und Gefühlsgehalt einzudringen vermag. Zugleich versuchte ich, Mittel und Möglichkeiten der deutschen Sprache zu nutzen, um – wenigstens stellenweise – dem Wohlklang des Türkischen nahe zu kommen.

Vorliegender Auswahlband fußt auf jüngeren Versionen aus der Gegend von Tarsus – mit Ausnahme der »Zwei Faulpelze«, für die ich Melda Piliçoğlu aus Eskişehir zu danken habe. Mein besonderer Dank gilt Haluk Angül, seiner Frau Susanne und seiner Mutter Lutfiye.

Günter Löffler
Dessau, Mai 1988

Des Fischers Sohn Seite 122

Der siebenköpfige Drachen Seite 129

Das Holzschwert Seite 134

Leblebidschi Seite 138

Der Kristallpalast Seite 142

Die findige Frau und der Tiger Seite 154

Uff Seite 157

Das verzauberte Kammermädchen Seite 164